Sobre a providência
Sobre a vida feliz
Sobre o ócio

SÊNECA (Lúcio Aneu Sêneca) nasceu em Córdoba, aproximadamente entre 4 a.C. e 1 d.C. Era de família abastada, que se transferiu para Roma quando ele e seus dois irmãos, Novato e Mela, eram crianças. Muito jovem, Sêneca estudou com o estoico Átalo e com dois neopitagóricos, Sótion de Alexandria e Papírio Fabiano, discípulos do filósofo romano Quinto Séxtio, que professou uma doutrina eclética e possivelmente original, combinando elementos do estoicismo e do pitagorismo. Talvez por motivos de saúde, Sêneca transferiu-se, por volta de 20 d.C., para Alexandria, no Egito, de onde retornou em 31. Quase aos quarenta anos iniciou carreira como orador e político, no cargo de questor, tendo em seguida ingressado no senado. Frequentou a corte de Calígula, onde estabeleceu vínculos com as irmãs do imperador: Livila, Drusila e Agripina Menor, mãe do futuro imperador Nero. Sendo figura destacada no senado e no ambiente palaciano, devido a intrigas políticas foi envolvido numa conjuração contra Calígula. Teria se livrado da condenação à morte provavelmente por intercessão de aliados, que alegaram já estar ele condenado a uma morte natural iminente, devido a uma doença pulmonar crônica. Pouco depois, morto Calígula em 41, Sêneca tornou-se alvo de Messalina, esposa do imperador Cláudio, num confronto entre esta e as irmãs de Calígula. Acusado de manter relações adúlteras com Livila, Sêneca teve sua morte decretada pelo senado. Por intervenção do próprio imperador, a pena foi comutada em exílio, que durou oito anos, na ilha de Córsega, período em que o filósofo se dedicou aos estudos e à composição de obras em prosa e em verso. Após a morte de

Messalina (48 d.C.), a nova esposa de Cláudio, sua sobrinha Agripina, possibilitou o retorno de Sêneca, em 49 d.C., e o instituiu como preceptor de seu filho Nero, então com doze anos. Morto Cláudio em 54, Nero foi nomeado seu sucessor e Sêneca tornou-se o principal conselheiro do jovem príncipe. Seguiu-se um período de equilíbrio político que durou cinco anos (54-9). No entanto, o conflito de interesses envolvendo, de um lado, Agripina e seus aliados e, de outro, conselheiros de Nero, os quais, por sua vez, se opunham a Sêneca, levou a uma crise que resultou na morte de Agripina, em 59, e no gradual enfraquecimento político de Sêneca. Em 62, Nero recusou-lhe uma solicitação para afastar-se inteiramente das atividades de governo. Mesmo assim, alegando idade avançada e saúde precária, Sêneca passou a consagrar-se prioritariamente ao *otium*, o que significava dedicação à leitura e à escrita. Sua relação com Nero deteriorou-se, entre outros motivos, pelo prestígio do filósofo em setores do meio político e intelectual, que viam nele a figura de um governante ideal. No início de 65, Sêneca foi apontado entre os participantes de uma conjuração para derrubar o príncipe. Condenado à pena capital, morreu em 19 de abril.

JOSÉ EDUARDO S. LOHNER é graduado em letras, com bacharelado em português e latim, e doutor em letras clássicas, ambos os títulos pela Faculdade de Filosofia, Letras e Ciências Humanas da Universidade de São Paulo, onde atua como docente da área de Língua e Literatura Latina e do programa de pós-graduação em Letras Clássicas. Há vários anos dedica-se ao estudo e à tradução da obra de Sêneca, sobre a qual tem publicações acadêmicas. Traduziu as tragédias *Agamêmnon* (Globo, 2009), *Tiestes* (UFPR, 2018), os diálogos *Sobre a ira* e *Sobre a tranquilidade da alma* (Penguin-Companhia das Letras, 2014), *Sobre a brevidade da vida* e *Sobre a firmeza do sábio* (Penguin-Companhia das Letras, 2017).

Sêneca

Sobre a providência
Sobre a vida feliz
Sobre o ócio

diálogos

Tradução e notas de
JOSÉ EDUARDO S. LOHNER

COMPANHIA DAS LETRAS

Copyright © 2021 by Penguin-Companhia das Letras
Copyright da tradução e das notas © 2021 by José Eduardo S. Lohner

Grafia atualizada segundo o Acordo Ortográfico da Língua
Portuguesa de 1990, que entrou em vigor no Brasil em 2009.

Penguin and the associated logo and trade dress are registered
and/or unregistered trademarks of Penguin Books Limited and/or
Penguin Group (usa) Inc. Used with permission.

Published by Companhia das Letras in association with
Penguin Group (usa) Inc.

TÍTULOS ORIGINAIS
De Providentia,
De Vita Beata e
De Otio

PREPARAÇÃO
Ana Cecília Água de Melo

REVISÃO
Huendel Viana
Erika Nogueira Vieira

Dados Internacionais de Catalogação na Publicação (CIP)
(Câmara Brasileira do Livro, SP, Brasil)

Sêneca, *c.* 4 a.C.-65.
    Sobre a providência. Sobre a vida feliz. Sobre o ócio :
diálogos / Sêneca ; tradução José Eduardo S. Lohner. — 1ª ed. —
São Paulo: Penguin-Companhia das Letras, 2021.

    Títulos originais: De Providentia, De Vita Beata e De Otio
    ISBN 978-85-8285-249-1

    1. Estoicos 2. Ética. I. Título

21-73162   CDD-188

Índice para catálogo sistemático:
1. Estoicismo : Filosofia 188
Maria Alice Ferreia — Bibliotecária — CRB–8/7964

[2021]
Todos os direitos desta edição reservados à
EDITORA SCHWARCZ S.A.
Rua Bandeira Paulista, 702, cj. 32
04532-002 — São Paulo — SP
Telefone: (11) 3707-3500
www.penguincompanhia.com.br
www.blogdacompanhia.com.br
www.companhiadasletras.com.br

Sumário

Apresentação	7
SOBRE A PROVIDÊNCIA	11
SOBRE A VIDA FELIZ	31
SOBRE O ÓCIO	65
Notas	77
Bibliografia	97

Apresentação

As três obras reunidas neste volume, primeiro publicadas individualmente pelo autor em diferentes momentos, foram mais tarde reunidas em uma coletânea de dez diálogos, transmitida pela tradição manuscrita. O título "dialogus" é testemunhado por Quintiliano (*I. O.* 10, 1, 129), sendo provável que essa denominação tenha sido dada por Sêneca. A datação de cada diálogo é bastante incerta e conjectural. Para o *Sobre a providência*, admite-se como mais provável o período entre 62 e 65 d.C., ou seja, entre o ano em que o autor se afastou de sua função como um dos principais conselheiros do imperador Nero e o ano de sua morte. Próximo do ano 62 pode ser também situado o diálogo *Sobre o ócio*. Um pouco anterior parece ter sido o *Sobre a vida feliz*, composto possivelmente em torno de 58 d.C.

O mais antigo e importante manuscrito dos diálogos de Sêneca é o códice Ambrosiano, do fim do século xi, que se encontra na biblioteca Ambrosiana, em Milão. Outros manuscritos, mais de cem, são posteriores ao século xii. O texto do códice Ambrosiano apresenta algumas lacunas. A mais importante delas afeta os diálogos *Sobre a vida feliz* e *Sobre o ócio*: talvez devido à perda de um fólio, não há no manuscrito indicação que os distinga, de modo que parecem um único diálogo. Do primeiro, falta a parte final, e do segundo, o segmento inicial e o final.

A primeira edição impressa da coletânea foi realizada em 1529 por Erasmo de Rotterdam. Veio em seguida a edição de Marc-Antoine Muret, em 1585, que lançou a hipótese da existência separada do *Sobre o ócio*, separação que se fixou a partir da edição de Justo Lípsio, em 1605, quando se estabeleceu também a lacuna na parte final desse diálogo.[1]

Na composição de diálogos, Sêneca adotou quase exclusivamente uma das variantes formais preexistentes no gênero. À diferença do que ocorre na obra de Platão, não há enquadramento de tempo, lugar e ocasião, nem a imitação realista de conversações. Um dos elementos mais característicos é o endereçamento inicial a um personagem destinatário, feito em primeira pessoa pela voz do protagonista e condutor da discussão, modelo similar ao que se observa somente em dois dos diálogos de Cícero: *O orador* e *Sobre os deveres*. Além disso, ao longo dos diálogos intervêm múltiplos interlocutores genéricos, bem como são atribuídas falas de maior ou menor extensão a personagens históricas, mitológicas e outras, expediente denominado na retórica antiga como prosopopeia. Amplia ainda esse conjunto de vozes a ocorrência de citações pontuais de obras poéticas latinas, sobretudo de Virgílio e Ovídio.[2]

O desenvolvimento das discussões não segue rigidamente uma estruturação esquemática, embora em alguns dos diálogos estejam presentes, de modo parcial ou integral, as articulações canônicas previstas na retórica para o

---

1 Na sequência, vieram as edições de F. R. Ruhkopf, em 1828-33, Karl Rudolph Fickert, em 1842-5, F. Haase, 1852-62, Hermann Adolf Koch, em 1879, M. C. Gertz, em 1886, Emil Hermes, em 1905, R. Waltz, em 1909, e L. D. Reynolds, em 1977.

2 O diálogo *Sobre a tranquilidade da alma* é o único que não reproduz inteiramente esse modelo estrutural, aproximando-se mais do formato epistolar.

APRESENTAÇÃO   9

discurso oratório: exórdio, proposição, divisão, confirma-
ção e peroração. Sêneca, como afirma Ivano Dionigi (1983,
p. 45), "procedia mais por associação que por distinção de
ideias, mesmo quando traçava linhas claras de divisão e de
programação". Quanto a isso, importa ressaltar que o diálogo é uma forma discursiva empregada por Sêneca com
finalidade exclusivamente admonitória. Assim, todos os
expedientes de estruturação e de expressão estão subordi-
nados ao objetivo de despertar no leitor uma determinada
percepção da realidade, tida como mais eficaz no contexto
da educação filosófica proposta pelos estoicos.

   O *Sobre a providência* é insólito pela extensão, sendo o diálogo mais curto da coletânea, superando apenas o fragmentário *Sobre o ócio*. No exórdio (caps. 1-2),
afirma-se, primeiramente, a existência de deus, mediante
a imagem da ordenação cósmica, e a estreita relação do
homem com a divindade; depois, introduz-se a questão
da presença e finalidade das adversidades na vida humana. No capítulo 3 anuncia-se a proposição ("mostrarei o
quanto aquilo que parece um mal não o é na realidade"),
seguida de uma divisão em três tópicos: *a*) a adversidade
é útil ao indivíduo (cap. 3, 2-4, 16); *b*) a adversidade é
útil à totalidade dos homens e é parte do plano divino
(cap. 5); *c*) o homem bom não pode ser infeliz (cap. 6,
1-5). Na parte final, destaca-se a prosopopeia como recurso de efeito patético, pelo qual se dá voz à divindade
para efetuar a peroração em uma extensa fala.

   O *Sobre a vida feliz* articula-se em duas partes: a primeira, que se estende do capítulo 1 ao 16, traz inicial-
mente a proposição, em que se anuncia definir a noção
de vida feliz e o método para alcançá-la; em seguida, a
partir do capítulo 6, desenvolve-se uma argumentação
antiepicurista, pela qual se procura refutar a tese de que
o maior bem é o prazer, ou mesmo o prazer conjugado
com a virtude. A segunda parte vai do capítulo 17 ao 28:
nela se faz a defesa do modo de vida filosófico (estoico)

e a refutação de críticas sobre a contradição entre o discurso filosófico e a conduta do filósofo, especialmente no tocante à relação do filósofo com as riquezas materiais.

Por fim, no *Sobre o ócio*, depois de uma parte exordial incompleta, como já mencionado, o segundo capítulo tem início com a proposição, em resposta a uma censura lançada contra a *persona* do filósofo: "Vou agora provar-te que não me afasto dos preceitos dos estoicos". A esta se segue o anúncio da divisão, em dois tópicos: primeiramente, sobre a legitimidade de cultivar a *uita otiosa* desde a juventude; em seguida, sobre o valor do *otium* após longo período de atividades públicas. A parte restante, capítulos 3 a 8, contém uma argumentação que visa a justificar o retiro da vida pública. Todavia, não ocorre um desenvolvimento linear nem completo dos dois itens anunciados na divisão: o texto, tal como transmitido, contém apenas o tratamento do primeiro tópico.

Quanto ao tema de cada diálogo, vale indicar uma breve síntese dos pontos centrais. No *Sobre a providência*, a despeito do título, a discussão restringe-se à questão da coexistência, no mundo, de duas realidades opostas: o mal e a justiça divina, tendo-se deixado de lado o problema mais amplo da existência ou não da providência divina e de seu modo de atuação no universo. A vida feliz, de que trata o diálogo de mesmo nome, consiste no estado de serenidade plena e permanente atribuído ao sábio estoico, condição considerada potencialmente acessível àqueles engajados no processo de educação filosófica, tal como concebido em várias correntes do pensamento antigo. Por fim, o ócio sobre o qual se discute no diálogo de Sêneca diz respeito à condição facultada pela disponibilidade parcial ou integral de afastar-se das incumbências da vida social e política para consagrar-se à atividade filosófica, que, nesse contexto, tem o caráter eminentemente prático de empreender o desenvolvimento do espírito e o cultivo da sabedoria.

Sobre a providência

A LUCÍLIO

SOBRE A PROVIDÊNCIA

Sobre a razão de homens bons sofrerem infortúnios,
dado que existe a providência.

1 Perguntas-me, Lucílio, por que ocorrem tantos males para os homens bons se o universo é regido pela providência. Isso poderia ser respondido com maior proveito na contextura de uma obra em que demonstrássemos que a providência preside a totalidade das coisas existentes e que a divindade nos assiste. Mas, visto que achamos melhor extrair uma pequena parte de um todo e solucionar uma só objeção, deixando intacto o conjunto da causa, farei algo nada difícil: vou atuar em defesa dos deuses.

2 Seria supérfluo neste momento mostrar que, sem um mantenedor, uma obra de tal magnitude não poderia se sustentar, e que esse complexo de astros e órbitas não poderia ser próprio de um impulso fortuito; que nas coisas movidas pelo acaso há frequente desordem e fáceis colisões, mas que avança inalterável, sob o comando de uma lei eterna, esse fluxo portador de tão numerosos corpos sobre a terra e o mar, de tantos fachos tão luminosos e a reluzir numa exata ordenação; que essa ordem não é própria de uma matéria errante, nem elementos conectados irrefletidamente se manteriam suspensos por meio de um artifício tal, que a massa pesadíssima da terra pudesse ficar imóvel e a contemplar ao seu redor a célere fuga do céu, que as águas do mar, ao inundar os vales, pudessem encharcar a terra sem sofrer o acréscimo das águas dos rios, e que de sementes minúsculas viessem a nascer enormes vegetações. Nem mesmo aqueles fenôme-

nos que parecem desordenados e irregulares, digo as chuvas e as nuvens, a emissão de raios, as erupções que eclodem no cume dos montes, os tremores e deslizamentos do solo e outros eventos movidos pela parte tumultuosa da natureza ao redor da terra, ainda que sejam imprevistos, não acontecem sem uma razão, mas também eles têm suas causas, não menos do que aqueles fatos que parecem um prodígio se observados como impróprios de seu lugar, como a presença de águas quentes no meio dos fluxos marinhos e novas formações de ilhas que surgem na vastidão do mar. E mais, se alguém observar as praias desnudadas durante o refluxo das águas e as vir recobertas após breve tempo, irá crer que por uma variação caótica as ondas ora se contraem e se recolhem para o mar, ora prorrompem e retomam com forte correnteza o seu espaço, quando elas aumentam em períodos regulares e surgem mais altas ou mais baixas em hora e dia exatos, segundo a força de atração da lua, que influencia o nível do oceano. Essas questões devemos reservá-las para o momento apropriado, ainda mais porque tu não duvidas da providência, mas dela te queixas.

5 Irei reconciliar-te com os deuses, tão benévolos para os bons. A natureza não permite de fato que o bem seja nocivo aos bons. Entre os homens bons e os deuses existe uma amizade assentada na virtude. Digo amizade? Antes mesmo parentesco e semelhança, visto que realmente o homem bom difere de deus só pela temporalidade, sendo seu discípulo, emulador e verdadeira prole, que ele, como pai magnânimo, exigente na prática das virtudes, educa com dureza, tal como os pais severos. Assim, quando vires os homens bons e caros aos deuses penar, suar, exaurir-se em uma ladeira íngreme, e ao contrário, os maus se divertirem e desfrutarem prazeres, pensa que nos agrada a temperança de nossos filhos e a petulância dos escravos de casa: aqueles são refreados por uma disciplina mais austera; destes últimos alimentamos a audácia. O mesmo deveria ser-te evidente em relação a deus: o homem bom ele não mantém

SOBRE A PROVIDÊNCIA

em meio aos prazeres, mas o experimenta, torna-o robusto, prepara-o para si.

2. "Por que os homens bons sofrem muitas adversidades?" Nenhum mal pode ocorrer para o homem bom: os contrários não se misturam. Assim como tantos rios, a queda de tantas tempestades, tão fartos mananciais de águas cristalinas não mudam o sabor do mar, nem sequer o atenuam, assim também o assalto das adversidades não abala o espírito de um homem forte: ele mantém o equilíbrio e a tudo que lhe acontece ele imprime sua própria cor; ele é de fato mais potente que todos os eventos externos. Não digo que ele não os sente, mas os vence e, calmo e pacífico em tudo o mais, ergue-se contra o que lhe sobrevém. Ele considera todas as adversidades como um treinamento. E quem, desde que seja um homem e predisposto à virtude, não aspira a um esforço justo e não se sente pronto para um dever arriscado? Que pessoa laboriosa não acha penoso o repouso? Os atletas, cuja preocupação é com a força física, vemos que se confrontam só com os mais fortes, e exigem daqueles que os preparam para a competição que façam uso de toda a sua força contra eles; aguentam golpes e maus-tratos e, se não encontram um rival parelho, enfrentam vários ao mesmo tempo. Fenece sem adversário a excelência; só fica aparente sua dimensão e força quando, pela resistência, mostra o quanto pode. É possível concluir que a mesma atitude devem ter os homens bons: não devem recear situações duras e difíceis nem lamentar-se do destino, devem avaliar como bom tudo que lhes acontece, convertê-lo em algo bom. Não importa o quê, mas como se sofre.

Não vês a maneira diversa com que pais e mães mostram afeto? Aqueles fazem despertar os filhos bem cedo para irem estudar, mesmo nos feriados não toleram que fiquem ociosos, provocam-lhes suor e às vezes lágrimas; já as mães os acalentam nos seios, querem que se mantenham à sombra, nunca se entristeçam, nunca chorem, nunca sofram. Deus tem um ânimo paternal para com os homens

bons e um amor inabalável por eles. "Sejam atormenta-
dos" — diz ele — "por trabalhos, dores e perdas para que
alcancem verdadeira robustez." Debilitam-se na inércia os
corpos cevados e não só o esforço, mas o movimento e até
seu próprio peso os deixam exaustos. A prosperidade into-
cada não suporta golpe algum; já quem se viu em contínua
peleja com seus infortúnios está calejado pelas adversidades
e não sucumbe a mal nenhum, mas, mesmo se chega a cair,
luta de joelhos. Surpreende-te que deus, que tanto ama os
bons, que deseja que eles sejam o mais possível bons e per-
feitos, lhes atribua uma sorte mediante a qual se exercitem?
Eu realmente não me surpreendo se aos deuses vem por vezes o desejo de assistir a grandes homens combatendo com
alguma calamidade. Às vezes nos dá prazer se um jovem
de ânimo enérgico enfrentou com o venábulo a investida de
uma fera, se resistiu destemido ao ataque de um leão, e tanto
mais atrativo é esse espetáculo, quanto mais nobre é quem
o realizou. Essas cenas não são capazes de atrair para si o
olhar dos deuses: puerilidades e divertimentos da frivolida-
de humana. Eis um espetáculo digno de que deus volte a
atenção para sua obra, eis uma dupla digna de deus: um
homem valente em confronto com a má fortuna, sobretudo
se também a provocou. Não vejo, insisto eu, o que Júpiter
possua de mais belo sobre a terra, caso a isso queira voltar
sua atenção, do que contemplar Catão, já depois de mais de
uma derrota de seu partido, em pé e ereto, apesar de cerca-
do pelas ruínas do Estado. Diz este: "Mesmo que tenham
concedido tudo ao poderio de um só homem, que a terra
esteja vigiada por legiões, os mares por esquadras, que o
soldado cesariano bloqueie as portas, Catão tem por onde
sair: com uma só mão abrirá um largo caminho para a liberdade. Este ferro, puro e inofensivo mesmo durante a guerra
civil, irá enfim executar belas e notáveis obras: a liberdade
que não pôde dar à pátria, ele a dará a Catão. Realiza, mi-
nh'alma, uma ação por longo tempo meditada, remove-te da
presença humana. Já Petreio e Juba se confrontaram e jazem

SOBRE A PROVIDÊNCIA   17

mortos um pela mão do outro, valoroso e egrégio pacto de
morte, mas que não é adequado à dimensão de meu caráter:
para Catão, seria tão torpe pedir a morte a alguém quanto a
vida". Estou certo de que os deuses assistiram com grande
alegria a esse espetáculo, enquanto aquele varão, severo al-
goz de si mesmo, cuida da salvação dos demais e provê-lhes
a fuga, enquanto se entrega à leitura até em sua última noite,
enquanto crava a espada em seu peito sagrado, enquanto ex-
pele as vísceras e com a mão faz sair aquela alma tão vene-
rável e que não merecia ser conspurcada pelo ferro. Eu poderia crer que por isto o golpe teve pouca precisão e eficácia:
para os deuses imortais não foi suficiente contemplar Catão
uma só vez; sua bravura foi refreada e reconvocada para se
apresentar em um ponto mais difícil: de fato o impulso para
a morte é mais forte ao repetir-se. Por que não contempla-
riam com prazer seu caro pupilo retirar-se por uma via tão
gloriosa e memorável? A morte consagra aqueles cujo fim é
enaltecido até pelos que o temem.

3 Mas agora, na sequência deste discurso, mostrarei
o quanto aquilo que parece um mal não o é na realidade.
Por ora, afirmo o seguinte: esses eventos que tu chamas
de penosos, adversos e abomináveis, são favoráveis, primeiramente, àqueles aos quais acontecem, e em seguida, à
totalidade dos homens, à qual os deuses dão mais atenção
do que a indivíduos; depois, que aqueles, a quem tais fatos
acontecem, desejam isso, e se não desejassem, seriam me-
recedores desse mal. Acrescentarei que esses eventos pro-
cedem do destino e acontecem para os homens bons segundo a mesma lei pela qual são bons. Irei então persuadir-te
a que nunca te compadeças de um homem bom: ele pode
de fato ser chamado de infeliz, mas sê-lo não pode.

De tudo o que eu propus, o mais difícil parece ser o que
afirmei primeiro: que os eventos que nos causam horror
e medo são favoráveis a quem os experimenta. "É favorável a eles", contestas, "que sofram o exílio, sejam reduzi-
dos à pobreza, sepultem filhos e cônjuge, sejam oprimidos

pela ignomínia, adoeçam?" Se te admiras de que tais fatos sejam favoráveis a alguém, irás te admirar de que alguns são curados com o ferro e o fogo, não menos que com a fome e a sede. Mas se refletires que para alguns serve de remédio tanto raspar os ossos retirando-lhes fragmentos, quanto extirpar veias e amputar certos membros que não podiam permanecer unidos ao corpo sem sua total ruína, aceitarás a comprovação também disto: que certos infortúnios são favoráveis para quem eles acontecem, tanto quanto, por Hércules, certos fatos que são exaltados e almejados são danosos a quem causaram deleite, muito semelhantes à indigestão, à embriaguez e a outras coisas que

3   matam por via do prazer. Entre os muitos pensamentos de nosso Demétrio há também este, que acabo de ouvir e ainda ressoa e vibra em meus ouvidos: "Nada me parece mais desafortunado do que alguém a quem nunca ocorreu nada de adverso". Não lhe foi dado pôr-se à prova. Ainda que seus desejos tenham sido todos satisfeitos, ou mesmo antecipados, no entanto, os deuses fizeram dele um mau juízo: ele lhes pareceu indigno de vencer alguma vez a Fortuna, que se afasta de todos os pusilânimes, como se dissesse: "Ora, por que eu tomaria esse homem como adversário? Ele logo deporia as armas. Não preciso opor contra ele toda a minha potência; será repelido com uma leve ameaça; ele não consegue suportar meu olhar. Procure-se em volta um outro com quem possamos entrar em luta: envergonha-me combater com um homem disposto à der-

4   rota". O gladiador julga uma desonra combater com um inferior e sabe que é vencido sem glória quem é vencido sem perigo. O mesmo faz a Fortuna: busca para si os mais valorosos rivais. Alguns ela ignora com desdém. Ataca os mais contumazes e acirrados, contra os quais intensifica a sua violência: em Múcio experimenta o fogo, a pobreza em Fabrício, o exílio em Rutílio, a tortura em Régulo, o veneno em Sócrates, a morte em Catão. Um grande exemplo, só a má fortuna o revela.

SOBRE A PROVIDÊNCIA

Seria desventurado Múcio porque impõe a destra sobre o braseiro dos inimigos e exige ele próprio de si a sua punição, porque com a mão carbonizada põe em fuga o rei que ele não pôde com a mão armada? Como então? Seria mais afortunado se aquecesse a mão no seio de uma amante?

Seria desventurado Fabrício por ter cultivado sua terra sempre que esteve desocupado das obrigações públicas? Por fazer guerra tanto contra Pirro quanto contra as riquezas? Porque junto ao fogo se alimenta daquelas mesmas raízes e ervas que, mesmo velho e após as honras do triunfo, arrancou ao limpar o campo? Seria mesmo? Seria mais afortunado se em seu ventre acumulasse peixes de mares distantes e aves exóticas, se com mariscos do Adriático e do Tirreno estimulasse a preguiça de seu estômago nauseado, se dispusesse enorme arranjo de frutas em volta de feras de porte formidável, capturadas à custa de muito sangue dos caçadores?

Seria desventurado Rutílio porque os que o condenaram deverão defender-se por todos os séculos? Porque com mais tranquilidade suportou que o tirassem da pátria do que do exílio? Porque foi o único a dizer não ao ditador Sula e, ao ser chamado de volta, avançou quase que em sentido oposto e fugiu para mais longe? "Possam eles ver, esses que tua sorte feliz apanhou de surpresa em Roma", ele exclama, "que vejam no foro o sangue profuso e cabeças de senadores no alto da fonte Serviliana — é esse um verdadeiro espoliário dos proscritos de Sula —, e bandos de sicários vagando em toda parte pela cidade e muitos milhares de cidadãos romanos trucidados em um único local depois de jurarem fidelidade, ou mesmo, em razão do próprio juramento; que vejam esses fatos os que não podem sofrer o exílio." E seria afortunado Lúcio Sula, por lhe abrirem passagem com a espada quando desce ao foro, por permitir que lhe mostrem cabeças de ex-cônsules e fazer remunerar essa matança por um questor e às custas do erário? E tudo isso quem faz é ele, ele que propôs a Lei Cornélia!

9   Passemos a Régulo: que mal lhe causou a fortuna por ter feito dele um exemplo de lealdade, um exemplo de resistência? Pregos perfuram-lhe a pele e, em qualquer lado que apoie o corpo fatigado, deita-se sobre feridas. Seus olhos estão suspensos em perpétua vigília. Quanto mais tormentos, tanto maior será a glória. Queres saber o quanto ele não se arrepende de atribuir esse preço à virtude? Desata-o e

10   manda-o até o senado: irá reiterar sua mesma decisão. Então mais afortunado julgas Mecenas, que, entre angústias amorosas e lamentos pelos rechaços cotidianos de uma esposa irascível, busca o sono através da música, que ecoa suave de longe? Ainda que se entorpeça com vinho, que procure distrair-se com o fragor das águas ou iludir com mil prazeres sua mente angustiada, restará em vigília entre plumas tal como aquele entre tormentos. Mas para aquele há o consolo de tolerar duros suplícios em prol da virtude, e desvia o olhar de seu sofrimento para essa causa; já este, debilitado pelos prazeres e padecendo de excessivo bem--estar, mais do que aquilo que sofre, é a causa de seu so-

11   frimento que o aflige. Os vícios não chegaram a exercer tão grande domínio sobre a raça humana, a ponto de haver dúvida se a maioria dos homens, caso lhes fosse dada a escolha de seu destino, desejaria nascer como Régulo e não como Mecenas; ou se, havendo alguém que ouse dizer ter preferido nascer como Mecenas em vez de Régulo, esse mesmo indivíduo, ainda que não declare, teria preferido nascer como Terência.

12   Julgas maltratado Sócrates porque aquela poção, preparada por mandado oficial, ele sorveu como se fosse um elixir da imortalidade e discursou sobre a morte até a chegada dela? Teria ele sofrido um mal porque seu sangue gelou e o fluxo das veias estagnou depois de um gradual resfriamen-

13   to? Quanto maior inveja ele merece do que aqueles que são servidos em taças preciosas, para os quais um devasso, entendido em toda prática passiva, emasculado ou de virilidade duvidosa, dilui neve suspensa em um cálice de ouro!

SOBRE A PROVIDÊNCIA   21

Estes, tudo que beberam irão expelir pelo vômito, tristes e
regurgitando sua própria bile; porém, aquele, alegre e de
bom grado, irá ingerir veneno.

14   Quanto a Catão, falou-se o bastante, e haverá um total
consenso de que lhe foi concedida a felicidade suprema,
tendo-o elegido a Natureza para com ele travar embates terríveis: "A inimizade com os poderosos é oprimente: seja ele
posto em confronto ao mesmo tempo com Pompeu, César e
Crasso. É oprimente ver-se preterido nos encargos públicos
pelos piores: seja ele superado por Vatínio. É oprimente participar de guerras civis: que ele atravesse o mundo inteiro em
luta por uma causa justa, com insucesso tão grande quanto
sua pertinácia. É oprimente suicidar-se: que ele o faça. O
que conseguirei com isso? Que todos saibam que não são
males esses eventos dos quais eu julguei ser digno Catão".

1   4 A felicidade apresenta-se até para indivíduos da
massa e para as índoles comuns. Mas pôr sob o jugo as
calamidades e os terrores da vida humana é próprio de
um grande homem. Ser sempre feliz e atravessar a vida
2   sem tormentos é ignorar a outra face da realidade. És
um grande homem: mas como sabê-lo se a fortuna não
te dá ocasião de exibir as tuas qualidades? Competiste
nas Olimpíadas, porém, ninguém mais além de ti: tens a
coroa, mas não tens a vitória. Não te congratulo como
um homem valoroso, mas tal como a alguém que tivesse
obtido o consulado ou a pretura: o que te enalteceu foi
3   uma honraria. O mesmo posso dizer também para o homem bom, se uma circunstância mais difícil não lhe deu
ocasião de mostrar a força de sua alma: "Julgo-te infeliz
porque nunca foste infeliz. Atravessaste a vida sem adversário; ninguém saberá do que eras capaz, nem mesmo
tu". Para o conhecimento de si é necessária a experiência.
Ninguém conheceu sua capacidade sem tê-la submetido
à prova. Assim, alguns se ofereceram espontaneamente a
males que tardavam, e buscaram para sua virtude, pres-
tes a obscurecer-se, uma ocasião pela qual ela pudesse

4 brilhar. Os grandes homens, insisto, por vezes se comprazem com as adversidades, não menos que os soldados valentes com a guerra. Ouvi o gladiador Triunfo, na época de Tibério, queixar-se da raridade dos combates: "Que bela época que se perde!".

A bravura é ávida de perigos e considera para onde avançar, não o que irá sofrer, pois que também o que irá sofrer é parte de sua glória. Os guerreiros se orgulham de seus ferimentos, ostentam alegres o sangue a escorrer graças a melhor sorte: ainda que aqueles que retornam ilesos da frente de batalha tenham realizado ações idênticas, é mais apreciado quem volta ferido. A divindade zela pelos que deseja serem os mais virtuosos sempre que lhes oferece ocasião para agir com energia e bravura, para o quê, é imprescindível alguma dificuldade: poderás reconhecer o piloto na tempestade, o soldado, na frente de batalha. Como posso saber qual a tua força de ânimo diante da pobreza se nadas em riquezas? Como posso saber quanta firmeza podes ter diante da ignomínia, da infâmia e do ódio popular se envelheces entre aplausos, se te segue uma estima inabalável e espontânea em razão de uma propensão afetiva? Como sei com que serenidade suportarias a perda dos filhos se diante dos olhos tens todos os que geraste? Eu te ouvi quando consolavas outras pessoas: eu então teria visto exatamente a tua condição se tivesses consolado a ti mesmo, se tivesses vetado o teu próprio sofrimento. Não vos assusteis, eu vos peço, com esses males que os deuses imortais lançam a nossas almas como estímulos: a calamidade é uma ocasião para a virtude. Alguém poderia chamar merecidamente de infelizes aqueles que se encontram entorpecidos por excessiva felicidade, os quais uma inerte tranquilidade detém como que num mar imóvel: o que quer que lhes suceda, virá como algo inesperado. Episódios cruéis pesam mais sobre os inexperientes; o jugo é molesto para uma tenra cerviz. O recruta empalidece ao suspeitar um ferimento; olha intrépido para seu sangue o veterano, por saber que tantas vezes venceu depois

SOBRE A PROVIDÊNCIA   23

de verter sangue. Assim, esses que deus aprova e ama, ele os
robustece, avalia, exercita; já aqueles com que ele parece ser
indulgente, os que ele parece poupar, conserva-os vulnerá-
veis às desventuras. Estais enganados se julgais que alguém
fica isento: também para quem viveu feliz longo tempo virá
o seu quinhão. Quem parece dispensado obteve adiamento.

8   Por que aos melhores homens deus impõe a má saúde ou
o luto ou outras atribulações? Pela mesma razão que numa
operação militar as ações perigosas são ordenadas aos mais
corajosos: o comandante envia os melhores homens para
atacar os inimigos em emboscadas noturnas, para explorar
o caminho ou desalojar uma posição de defesa. Nenhum dos
que partem diz: "O general causou-me um mal", mas: "Ele
fez bom juízo de mim". Digam o mesmo todos os que são
chamados a suportar males que fariam chorar os medrosos
e pusilânimes: "Deus nos achou dignos de que em nós se
experimentasse quanto a natureza humana pode suportar".

9   Evitai os deleites, evitai uma felicidade debilitante, na
qual o espírito se desviriliza e, se nada intervém que o faça
advertir do destino humano, esmorece como que no torpor
de uma perpétua embriaguez. Alguém que as vidraças sempre protegeram da corrente de ar, e cujos pés foram aque-
cidos entre panos quentes seguidamente trocados, cujos
jantares o calor emanado do piso e das paredes aqueceu, a
10 este, uma leve brisa não há de roçá-lo sem perigo. Embora tudo que é excessivo faça mal, especialmente perigosa
é a felicidade em demasia: afeta o cérebro, evoca na mente imaginações vãs, confunde em densa névoa o falso e o
verdadeiro. Não seria preferível suportar uma infelicidade
perpétua com o auxílio da virtude, em lugar de exaurir-se
num contentamento infinito e desmesurado? A morte por
inédia é bem serena; por indigestão rompem-se as vísceras.

11 Assim, com os homens bons, os deuses adotam o mesmo critério que os preceptores com seus discípulos, exigin-
do mais esforço daqueles em que há mais clara esperança.
Acreditas talvez que para os lacedemônios são odiosos os

seus filhos, cuja índole põem à prova infligindo-lhes flagelações em público? Os próprios pais os incitam a suportar com coragem os golpes do açoite e rogam-lhes, dilacerados e semiânimes, que continuem a oferecer suas feridas a mais feridas. O que há de admirar se deus testa com dureza os espíritos superiores? Nunca é fácil a prova da virtude. A fortuna nos flagela e dilacera: devemos suportá-la. Não há crueldade, mas um combate, que quanto mais enfrentarmos, mais fortes seremos: mais sólida é a parte do corpo que o uso frequente exercitou. Devemos nos oferecer à fortuna para nos fortalecermos contra ela por ação dela mesma: aos poucos ela irá nos igualar a si; a contínua presença dos perigos nos fará desprezá-los. Assim, por afrontar o mar, os navegantes têm corpos robustos, os lavradores têm mãos grossas, os braços dos soldados mostram-se fortes no arremesso de dardos, são ágeis os membros dos corredores: em cada um é mais vigorosa a parte exercitada. É padecendo que o espírito chega a desprezar o padecimento de seus males. O que em nós o sofrimento é capaz de produzir saberás se observares quanto as dificuldades podem fazer por nações sem recursos, mas fortalecidas por suas privações. Considera todos os povos que confinam com as fronteiras pacíficas de Roma, refiro-me aos germanos e todos os povos nômades que circulam em torno do Istro: oprime-os um inverno perpétuo, um céu triste, sustenta-os um solo maligno e estéril; defendem-se da chuva com coberturas de palha e folhagens, cruzam pântanos congelados, capturam animais selvagens para alimentar-se. Eles te parecem miseráveis? Não há miséria naquilo que o costume converteu em natural; torna-se aos poucos motivo de prazer o que teve início por necessidade. Eles não têm habitações nem territórios, a não ser os que a fadiga lhes tenha fixado a cada dia; sua comida, além de grosseira, deve ser obtida por força manual; medonho o rigor do clima, seus corpos, desprotegidos: isso que te parece uma calamidade é a vida de tantos povos. Por que te admiras de que homens bons sofram tormentos para

SOBRE A PROVIDÊNCIA

se fortalecer? Uma árvore não fica sólida nem forte a menos que um vento frequente a fustigue, pois é pelos maus-tratos que ela se enrijece e com maior arrojo faz penetrar as raízes; são frágeis as que cresceram no abrigo de um vale. Assim, é do interesse dos homens bons, para ser capazes de não sentir medo, que se vejam muitas vezes em meio a situações terríveis e suportem com serenidade eventos que não são um mal, exceto para quem os suporta mal.

5 Além do mais, é do interesse geral que todos os melhores homens sejam, por assim dizer, soldados e que executem ações. Este é o propósito da divindade bem como do sábio: mostrar que as coisas que as pessoas desejam ou as de que têm medo não são nem bens nem males; ao contrário, ficará aparente que são bens se tais coisas a divindade conceder somente aos homens bons, e que são males se as infligir somente aos maus. Detestável será a cegueira se ninguém tiver perdido a visão senão aquele que deve ter a sua arruinada; assim, fiquem privados de luz Ápio e Metelo. Não são um bem as riquezas; então, que as possua até o alcoviteiro Élio, para que os homens, embora tenham consagrado templos ao dinheiro, vejam-no também no prostíbulo. De modo melhor não poderia deus depreciar objetos de cobiça, senão oferecendo-os aos mais torpes e afastando-os dos melhores. "Mas é injusto que um homem bom seja mutilado, perfurado ou amarrado e os maus andem soltos e faceiros, com os corpos intactos." Mas como? Não é injusto que homens valorosos empunhem armas, pernoitem no acampamento e permaneçam de pé, com ataduras nos ferimentos, na defesa da trincheira, enquanto estão em segurança na cidade os promíscuos e mestres do despudor? Mas como? Não é injusto que virgens da alta nobreza sejam acordadas durante a noite para cumprir ritos sagrados e mulheres dissolutas desfrutem do mais profundo sono? O esforço convoca os melhores: o senado com frequência delibera durante um dia inteiro, e enquanto isso, os mais ineptos indivíduos gozam seu tem-

po livre no Campo de Marte, ou somem numa taberna, ou então matam o tempo junto de um grupo. O mesmo se dá nessa mais ampla república: os homens bons labutam, gastam energias e se desgastam e o fazem de bom grado; não são arrastados pela fortuna, mas seguem-na e acompanham seus passos; se a tivessem conhecido, teriam se antecipado a ela. Lembro-me de ter ouvido também estas magnânimas palavras de Demétrio, homem de grande intrepidez: "É esta a única queixa que posso fazer a vosso respeito, deuses imortais: não ter me feito conhecer de antemão a vossa vontade; eu teria sido o primeiro a vir para esta situação em que agora me encontro depois de convocado. Quereis tomar-me os filhos? Foi para vós que os criei. Quereis alguma parte de meu corpo? Tomai-a: não é muito o que vos prometo; logo o abandonarei todo. Quereis minha vida? Por que eu retardaria o recebimento do que me destes? Com meu assentimento levareis tudo que pedirdes. Então, o que ocorre? Eu teria preferido oferecer em vez de entregar. Por que foi preciso tirar-me? Pudestes receber. Mas nem mesmo agora ireis me tirar, porque nada é tirado, a não ser de quem resiste".

Nada me força, nada sofro contrariado, nem sou servil a deus, mas lhe mostro assentimento, tanto mais porque sei que tudo decorre por uma lei imutável e de valor eterno. Os fados nos conduzem e quanto tempo resta a cada um a hora inicial do nascimento determinou. Uma causa está presa a outra, um longo encadeamento acarreta os eventos de âmbito individual e geral: por isso, tudo deve ser suportado com coragem, porque os acontecimentos não se dão ao acaso, como julgamos, mas nos chegam. Estabeleceu-se uma vez a razão de tuas alegrias e de tuas lágrimas, e embora a vida dos indivíduos pareça distinguir-se por uma grande variedade, sua totalidade reduz-se a um único aspecto: sendo transitórios, recebemos bens transitórios. Por que então nos indignamos? Por que nos queixamos? A isso fomos destinados. Que a natureza use de seus corpos como

SOBRE A PROVIDÊNCIA 27

quer: nós, felizes diante de tudo e corajosos ponderemos que nada que é nosso perece. O que é próprio do homem bom? Oferecer-se ao destino. É um grande consolo ser arrastado junto com o universo. O que quer que nos tenha determinado a viver assim, a morrer assim, nesse mesmo vínculo de necessidade encerra também os deuses. Um curso irrevogável transporta igualmente criaturas humanas e divinas: ele próprio, o fundador e condutor de todo o universo, escreveu de fato os destinos, mas os segue; sempre os obedece, uma só vez os ordenou. "Mas por que deus foi tão injusto na distribuição do destino a ponto de, para os homens bons, prescrever pobreza, ferimentos e mortes prematuras?" Não pode o artífice mudar a matéria: ela foi assim condicionada. Certos elementos não podem estar separados de outros; são indissolúveis, indivisíveis. Aqueles que têm uma natureza lânguida, propensa ao sono ou a uma vigília semelhante ao sono são constituídos de elementos inertes. Já para se produzir um homem que deva com exatidão ser assim designado, é necessário um destino particularmente vigoroso. Seu percurso não será plano: deve ir para cima e para baixo, sofrer o embate das ondas e conduzir o navio sob a tempestade. Deve manter o curso contra a fortuna; vão lhe ocorrer muitas situações duras e ásperas, mas que são para ele mitigar e aplanar. O fogo põe à prova o ouro; as tribulações, os homens valorosos. Vê a que altura deve se elevar a virtude: saberás que não se há de ir até ela por vias seguras.

É íngreme o trajeto inicial e a custo, de manhã, ainda frescos
os cavalos o perfazem; é altíssimo na metade do céu,
de onde o mar e as terras eu mesmo muitas vezes avisto
com temor e meu peito palpita apavorado.
O trecho final é em declive e requer firme comando;
então, mesmo Tétis, que me acolhe em suas águas profundas,
costuma temer que eu me precipite.

28 SÊNECA

11   Depois de ouvir essas palavras, o nobre jovem lhe diz:
"Atrai-me o percurso, vou fazê-lo; ir por ele vale o risco
de cair". Não deixa o pai de instigar medo naquela alma
impetuosa:

> *e para que sigas esse trajeto sem te extraviares por algum erro,*
> *avançarás por entre os cornos do touro que está à tua frente*
> *e pelos arcos tessálios e as fauces do violento leão.*

Em seguida ele responde: "Atrela os carros que me deste;
sinto-me instigado pelas palavras com que julgas dissuadir-
-me. Agrada-me estar firme ali onde o próprio Sol estreme-
ce". É próprio de um caráter medíocre e inerte buscar segurança; a virtude segue por altas vias.

1   6 "Mas por que deus permite que aos homens bons
aconteça algo de mau?" Ele na verdade não permite. Afastou deles todos os males, crimes e infâmia e pensamentos
malignos e planos gananciosos e volúpia cega e avidez na
persecução de bens alheios. Ele os protege e preserva. Acaso
também isto se exigiria de deus: que conserve até os pertences dos homens bons? Eles mesmos eximem a divindade
2   desse cuidado: desprezam bens exteriores. Demócrito re-
jeitou as riquezas, estimando-as um ônus para uma mente sábia. Portanto, por que se admirar se deus permite que
aconteça a um homem bom aquilo que às vezes um homem
bom deseja que lhe aconteça? Os homens bons perdem seus
filhos: por que não, já que às vezes até os fazem morrer? São
mandados para o exílio: por que não, já que às vezes por si
mesmos deixam a pátria para não mais retornar? São mortos: por que não, já que às vezes tiram sua vida com as pró-
3   prias mãos? Por que sofrem duros infortúnios? Para ensinar os outros a sofrê-los. Nasceram para exemplo. Imagina
então que deus diga: "Que queixa poderíeis ter contra mim,
vós aos quais aprouve a via reta? A outros circundei de fal-
sos bens e iludi suas almas vazias como que num longo e
enganoso sonho: adornei-os de ouro, prata e marfim; den-

SOBRE A PROVIDÊNCIA

4 tro nada têm de bom. Esses que são vistos como felizes, se são observados não pelo aspecto que apresentam, mas por aquele que deixam oculto, são míseros, sórdidos, torpes, à semelhança de suas paredes decoradas no lado externo. Essa não é uma felicidade sólida e genuína: é uma crosta, e bem tênue. Assim, enquanto podem manter-se em pé e mostrar-se conforme seu desejo, brilham e iludem. Quando algo acontece que os derrube e os desmascare, torna-se então aparente a profunda e real feiura que o esplendor

5 ilegítimo havia escondido. Para vós eu dei bens seguros e duradouros, tanto melhores e maiores quanto mais alguém os tiver revolvido e examinado de todos os lados. Eu vos permiti desprezar os temores, rejeitar os desejos; não resplandeceis por fora, vossos bens estão voltados para o interior. Igualmente o cosmo desprezou o que lhe é exterior, contente em contemplar a si próprio. Coloquei no interior todo o bem; não carecer de felicidade é a vossa felicidade".

6 — Mas nos ocorrem muitas coisas tristes, horríveis, duras de tolerar. "Como eu não podia vos afastar desses males, contra todos eles armei vossos espíritos: suportai com bravura. Esse é um aspecto pelo qual podeis superar deus: ele está isento dos sofrimentos; vós, acima deles. Desprezai a pobreza: ninguém vive tão pobre quanto nasceu. Desprezai a dor: ela ou será eliminada ou vos eliminará. Desprezai a morte: ela ou vos aniquila ou vos transfere. Desprezai a fortuna:

7 não dei a ela nenhum dardo com que ferisse o espírito. Antes de tudo cuidei para que ninguém vos detivesse contra vossa vontade; a saída está disponível: se não quereis lutar, é possível fugir. É por isso que, de todas as coisas que eu quis que vos fossem inevitáveis, nenhuma eu tornei mais fácil do que a morte. Posicionei a vida num plano inclinado: ela desliza. Basta prestar atenção para ver quanto é breve a via que conduz para a liberdade, quanto é acessível. Para vossa saída não estabeleci tão longa demora quanto para vossa entrada; de outro modo, a fortuna teria exercido um grande domínio sobre vós, se para morrer o homem demorasse tanto quanto

8   para nascer. Todo momento, todo lugar pode vos ensinar quanto é fácil renunciar ao ciclo da natureza e atirar contra esta o seu presente. Em pleno altar e em meio aos solenes rituais dos que realizam os sacrifícios, enquanto se fazem votos pela vida, aprendei sobre a morte. Touros corpulentos desabam com um pequeno ferimento e o golpe da mão de um homem abate animais de grande robustez; com uma lâmina afiada rompe-se a juntura da cerviz e, quando é cortada a vértebra que une a cabeça ao pescoço, tão grande

9   massa corporal desmorona. Não se oculta num nível profundo o princípio vital nem precisa absolutamente ser extraído com o ferro; não precisa abrir o peito com uma incisão profunda: a morte está num ponto bem próximo. Não destinei um local certo para esses golpes: onde quiseres há um acesso. Propriamente aquele processo que se chama morrer, pelo qual a alma se separa do corpo, é breve demais para que se possa perceber sua rápida dinâmica: quer um nó estrangule a garganta, ou a água obstrua a respiração, quer a resistência do solo tenha esmagado quem despencou de cabeça, ou a inalação das chamas tenha bloqueado a respiração, seja o que for, é veloz. E não enrubesceis? Temer por tanto tempo algo que se dá tão rápido!"

Sobre a vida feliz

PARA GALIÃO

SOBRE A VIDA FELIZ

I Todos querem viver felizes, meu irmão Galião, mas não podem perceber com clareza o que torna a vida feliz. E a tal ponto não é fácil alcançar a vida feliz, que dela tanto mais alguém se afasta quanto mais impetuosamente se move em sua busca se errou de caminho; este, quando conduz em sentido contrário, a própria velocidade faz aumentar o distanciamento. Devemos então primeiro expor o que é aquilo a que aspiramos, depois, é preciso considerar por onde podemos nos dirigir com mais rapidez até esse objetivo, na intenção de perceber, ao longo do próprio caminho, se ele estiver correto, qual o nosso avanço diário e quanto estamos próximos daquilo a que um desejo natural nos impele. Realmente, durante o tempo em que vagamos de um lado e de outro, seguindo não um guia, mas o alvoroço e os gritos discordes dos que nos chamam em direções diversas, nossa vida será consumida nesses erros, abreviada, mesmo se nos esforçarmos dia e noite por um nível de consciência elevado. É preciso, portanto, decidir não só para onde, mas por onde nos encaminhar, e não sem alguém experiente, que tenha explorado as trilhas em que avançamos, posto que aqui a condição não é realmente a mesma que em outras viagens: naquelas, depois de entender o trajeto e de perguntar aos habitantes locais, não é possível errar, mas aqui o caminho mais trilhado e mais frequentado é o que mais engana. Portanto, antes de tudo não devemos seguir, como ovelhas, o rebanho que nos precede, avançando não na direção que se deve, mas naquela em que se é levado. Ora, nada nos enreda em pior situação do que o fato de nos pautar pela opinião comum, julgando excelente o que foi acolhido por grande consenso, e, sendo muitos os modelos que tomamos por bons, de vivermos não em função da razão, mas da semelhança. Daí esse enorme amontoado de pessoas que descambam umas sobre as outras. O que ocorre em uma grande massa de homens, quando a multidão se comprime — ninguém pode cair sem arrastar consigo também um outro, e os primeiros causam a aniquilação dos que os seguem —, isso é possível ver acontecer na vida em geral. Ninguém erra somente em prejuízo próprio, mas é a causa e o instigador do erro alheio. É, pois, prejudicial juntar-se aos que vão à frente e, enquanto os indivíduos preferem confiar em vez de refletir, nunca se reflete sobre a vida, sempre se confia, e um erro passado de mão em mão nos faz rolar e nos precipitar. Arruinamo-nos pelos exemplos dos outros: estaremos salvos só se nos separarmos da massa. Mas neste momento o povo, hostil à razão, se ergue como defensor de seu próprio mal. E acontece tal como nas eleições, em que os mesmos que elegeram os pretores se admiram de que eles tenham sido eleitos depois de uma reviravolta na instável preferência popular: as mesmas coisas aprovamos e depois condenamos. Esse é o resultado de todo juízo emitido em conformidade com a maioria.

2 Quando se discutir sobre a vida feliz, não vás me responder como nas votações do senado: "Parece ser esta a posição da maioria". Seria por isso mesmo a posição pior. No trato dos interesses humanos, as coisas não se passam tão bem a ponto de as melhores escolhas agradarem à maioria. A opinião comum é prova do pior. Busquemos, portanto, qual conduta é a melhor, não qual é a mais usual, e o que nos confere a posse da felicidade eterna, não o que tem a aprovação do vulgo, péssimo intérprete da verdade. Mas chamo vulgo tanto os que vestem uma clâmide, quan-

SOBRE A VIDA FELIZ

to os que ostentam um laurel; de fato não olho a cor das vestimentas com que se adornam seus corpos. No tocante ao homem, não confio nos olhos, tenho um recurso melhor e de maior precisão para distinguir o verdadeiro do falso: o bem do espírito deve o espírito encontrá-lo. Este, se algum dia tiver tempo para respirar e recolher-se em si mesmo, ó quanto irá ele próprio confessar para si a verdade depois de se haver torturado, e dirá: "Tudo que fiz até agora preferiria não ter feito; quando reflito em tudo que disse, tenho inveja dos mudos; todos os desejos que tive considero como maldições de inimigos; todos os meus medos, bons deuses, quanto foram mais levianos do que os meus desejos! Tive muitas inimizades e do ódio retornei à amizade, se é que entre os maus existe amizade; de mim mesmo ainda não sou amigo. Fiz todo esforço para destacar-me da multidão e tornar-me notável por algum atributo: que outra coisa obtive além de expor-me a ataques e de oferecer-me à malevolência para ser mordido? Vês esses que louvam a eloquência, que perseguem riquezas, que adulam o favorecimento, que exaltam o poder? Todos ou são inimigos ou, o que dá no mesmo, podem ser. A multidão de admiradores é tão grande quanto a de invejosos. Por que não busco antes um bem que me seja útil, que eu possa sentir, não que eu possa ostentar? Esses bens que chamam a atenção, diante dos quais nos detemos, que um exibe estupefato para o outro, brilham por fora, por dentro nada valem".

3 Busquemos um bem não aparente, mas substancial e inalterável e mais atraente em sua parte secreta. Vamos trazê-lo à luz. Não está situado longe: nós o encontraremos, apenas é preciso saber aonde dirigir a mão. Agora, tal como na escuridão, cruzamos o que está rente a nós, tropeçando bem naquilo que desejamos.

Mas para não te arrastar em círculo, omitirei as opiniões dos outros, pois de fato seria longo tanto enumerá-las quanto rebatê-las: escuta a nossa. Porém, quando digo a nossa, não me prendo a algum dos próceres do estoicismo: também tenho direito de expressar opinião. Assim, seguirei um, pedirei a outro que divida a sua proposição; também interpelado talvez depois de todos, nada desaprovarei do que tenham proposto os que me precederam, e direi: "Além do mais penso isto". Enquanto isso, ponto consensual em todos os estoicos, dou meu assentimento à natureza. A sabedoria está em não se afastar dela e em amoldar-se à sua lei e ao seu modelo. É feliz, portanto, uma vida concorde com sua natureza, a qual só pode ocorrer se, antes de tudo, a mente está equilibrada e em perpétua posse de seu equilíbrio, depois, se está forte e vigorosa, e então, dotada de perfeita resistência, se é adaptável às circunstâncias, atenta ao seu corpo e ao que é atinente a ele, mas sem ansiedade, e de resto, afeiçoada às outras coisas que provisionam nossa existência, sem apego a nada, pronta a fazer uso dos dons da fortuna, não a escravizar-se a eles. Mesmo se eu nada acrescentar, percebes que a isso se segue uma perpétua tranquilidade e liberdade, depois de eliminados os fatores que ou nos instigam ou nos aterrorizam. De fato, em lugar dos prazeres e daqueles deleites mesquinhos e frágeis, nocivos por sua infâmia, vem um enorme contentamento, inabalável e permanente, e então a paz e a harmonia do espírito, e a magnanimidade associada à mansidão. De fato, toda ferocidade deriva da fraqueza.

4 É também possível definir de outro modo esse nosso bem, isto é, encerrar o mesmo conteúdo em palavras diferentes. Assim como um mesmo exército pode ora expandir--se em ampla frente, ora compactar-se numa formação cerrada, ou recurvar-se em forma de cornos, dobrando-se ao meio, ou estender-se em linha reta, sendo a mesma a sua força em qualquer formação, bem como a vontade de combater pelos mesmos objetivos, assim também a definição do bem supremo pode às vezes alargar-se e expandir-se, às vezes tornar-se contraída e condensada. Assim, será a mesma coisa se eu disser: "O bem supremo é uma mente que despreza os eventos fortuitos, satisfeita com a virtude", ou então, "é uma força de ânimo invencível, fundada na ex-

SOBRE A VIDA FELIZ   37

periência, de ação serena e muita benevolência e zelo pelos
circunstantes". É possível também defini-lo dizendo que é
feliz o homem para o qual não há nada bom ou mau, exceto o ânimo bom ou maligno, o homem que pratica o bem,
contenta-se com a virtude, a quem fatos fortuitos não podem exaltar nem abater, que não conhece maior bem do que
o que ele próprio para si pode dar, para quem o verdadeiro
3 prazer será o desprezo dos prazeres. É possível, se desejas
variar, transpor a mesma ideia para sucessivas formulações,
preservando-se intacta a substância. O que de fato nos impede de dizer que a vida feliz é o estado de um espírito livre
e elevado, intrépido e imutável, isento de medo, isento de
desejo, para quem o único bem é a excelência moral, o único mal, a deformidade moral, sendo todo o resto um reles
amontoado de coisas que não subtraem nem acrescentam
nada à vida feliz, coisas que vêm e se vão sem aumentar
4 nem diminuir o bem supremo? A essa condição do espírito,
assentada em tal base, é inevitável que sobrevenha, queira
ou não queira, um contentamento contínuo e uma alegria
profunda e que vem do íntimo, à maneira de quem se compraz com o que é seu e não deseja bens maiores que os que
lhe são privativos. Por que não seria uma boa recompensa
por isso permutá-lo com os débeis, frívolos e inconstantes
impulsos de nosso mísero corpo? O dia subjugado ao prazer
será também subjugado à dor. Vês que maligna e danosa
servidão há de sofrer quem for possuído alternadamente
pelo prazer e pela dor, déspotas os mais caprichosos e ir-
refreáveis: é preciso, portanto, buscar acesso à liberdade.
5 Esta, nenhuma outra coisa a concede senão a indiferença
diante da fortuna: então irá se originar um bem inestimável,
a serenidade de uma mente assentada na segurança, e um
estado de sublimidade e, depois de eliminados os enganos,
uma alegria enorme e inalterável, proveniente do conhecimento da verdade, e uma benevolência e expansão do espírito, com as quais este se deleitará não enquanto bens, mas
enquanto estados originados de seu próprio bem.

5 Visto que comecei a dar um tratamento amplo a esse tema, pode-se chamar feliz aquele que, por auxílio da razão, não tem desejo nem temor. Visto que também as pedras estão isentas de medo e de tristeza e não menos os animais, no entanto, nem por isso alguém poderia chamar de felizes seres que não possuem a consciência da felicidade. Coloca na mesma situação os homens cuja condição obtusa e cuja ignorância sobre si mesmos reduziram ao nível dos animais de um rebanho. Não há diferença entre uns e outros, visto que estes últimos não possuem razão, e a daqueles é defeituosa e apta para causar o próprio mal e para a perversidade. De fato ninguém que esteja excluído da percepção da verdade pode ser chamado feliz. Portanto, a vida feliz está estabelecida no juízo reto e preciso, e é inalterável. É então que a mente está pura e livre de todos os males, por ter se esquivado tanto de feridas, quanto de escoriações, decidida a sempre manter-se onde se estabeleceu e a defender sua posição ainda que sob a fúria e os ataques da fortuna. De fato, no que concerne ao prazer, mesmo que ele se espalhe pelos arredores e penetre por todas as vias e nos afague o ânimo com suas carícias, aplicando-as uma após a outra, para com elas nos aliciar por completo ou por partes, quem dentre os mortais, para o qual resta algum vestígio da natureza humana, iria querer deixar-se excitar dia e noite e abandonar a alma para dedicar-se ao corpo?

6 "Mas também a alma", diz alguém, "terá os seus prazeres." Sim, que os tenha e que se estabeleça como árbitro da luxúria e dos prazeres; replete-se de tudo aquilo que costuma deleitar os sentidos, depois olhe para o passado e, ao recordar os prazeres vivenciados, exulte por esses anteriores e espreite já os futuros, disponha suas expectativas e, enquanto o corpo está hoje deitado, farto e adiposo, que ela dirija seus pensamentos para gozos futuros. Por este motivo ela me parecerá especialmente infeliz, porque é loucura escolher o mal em lugar do bem. Ninguém pode ser

SOBRE A VIDA FELIZ

feliz se está insano, nem está são quem anseia por prazeres
futuros em lugar do que é melhor. É feliz, portanto, quem
é capaz de um juízo reto; é feliz quem está contente com
as circunstâncias presentes, quaisquer que sejam, e ama a
sua condição; é feliz aquele em quem a razão marca toda a
condução de suas ações.

7 Também os que afirmaram que está na barriga o bem
supremo veem em que torpe local o colocaram. E por isso
negam que o prazer possa ser separado da virtude, ao dizer
que ninguém vive com virtude sem que viva com prazer,
nem vive com prazer sem que também viva com virtude.
Não vejo como coisas tão diversas possam ser unidas num
mesmo par. Que motivo há, pergunto eu, para que não se
possa separar o prazer e a virtude? Posto que o princípio
do que é bom provém inteiramente da virtude, por certo
de suas raízes também se origina aquilo que vós amais e
desejais? Mas se essas duas coisas fossem inseparáveis, não
poderíamos ver algo aprazível mas desvirtuoso, ou algo
absolutamente virtuoso, mas árduo, e que deva ser alcançado através de sofrimentos. Além de tudo, o prazer ocorre mesmo na vida mais torpe, mas a virtude não admite
uma vida má, e alguns são infelizes não sem prazer, antes
por causa do próprio prazer. Isso não aconteceria se o prazer estivesse mesclado com a virtude, do qual ela muitas
vezes carece, mas nunca tem falta. Por que juntar coisas
dessemelhantes, até mesmo opostas? A virtude é algo elevado, sublime, majestoso, invencível e infatigável; o prazer
é baixo, servil, débil, efêmero, seu abrigo e domicílio são
os prostíbulos e as tabernas. A virtude será encontrada no
templo, no foro, na cúria, postada diante de muralhas, en-
cardida de poeira, trazendo as mãos calejadas; o prazer,
com muita frequência o verás esconder-se e buscar as tre-
vas, ou em torno dos banhos, saunas e locais que temem
vigilância, mole e enerve, encharcado de vinho e perfume,
pálido ou maquilado e emplastrado de cosméticos. O bem
supremo é imortal, não conhece fim, não experimenta sa-

ciedade nem arrependimento, pois uma mente reta nunca se modifica, não é motivo de ódio para si mesma, nem altera o que é já excelente. Mas o prazer se extingue justo quando mais deleita. Não tem muito espaço, por isso, logo o preenche e causa tédio e, depois do primeiro ímpeto, esmorece. Ele, cuja natureza está no movimento, não tem nenhuma fixidez: assim, nem sequer pode haver uma substância naquilo que vem e passa tão rapidamente e irá perecer no próprio momento em que se o experimenta, pois avança para o ponto em que acaba e ao iniciar já olha para o fim.

1   **8** Que dizer do fato de que tanto entre os bons quanto entre os maus existe o prazer, e que os homens torpes se deleitam com sua própria desonra, não menos do que os homens virtuosos com a excelência? E por isso os antigos nos ensinaram a seguir a vida melhor, não a mais prazerosa, de modo que o prazer seja não um guia, mas um companheiro da vontade reta e boa. É preciso, de fato, servir-se da natu-
2   reza como guia; a razão a observa e a consulta. Portanto, viver feliz é a mesma coisa que viver segundo a natureza. O que significa isso vou já esclarecer: se conservarmos com zelo e sem temor os dotes físicos e as inclinações naturais como dons de um só dia e fugazes, se não nos submetermos a ser escravos deles, nem formos possuídos pelo que é alheio a nós, se as sensações prazerosas que se deparam ao nosso corpo estiverem para nós na posição em que estão as tropas auxiliares e ligeiras — estas nos servem, não nos comandam —, só então tais coisas são úteis ao nosso
3   espírito. O homem deve ser incorruptível, invencível e admirador somente de si próprio,

Confiante em seu ânimo e preparado para a boa e a má
[fortuna,

artífice da própria vida. A sua autoconfiança não se dê sem o conhecimento, nem o conhecimento sem a constância: suas decisões, uma vez tomadas, se mantenham e nada seja

SOBRE A VIDA FELIZ   41

alterado naquilo que estabeleceu. Compreende-se, mesmo
se eu não o acrescentar, que um tal homem será equili-
brado e estruturado, magnânimo e amável nas ações que
realizar. A razão, estimulada pelos sentidos, e tomando-
-os como impulso inicial — pois não tem outra base onde
fundar seu esforço ou de onde tomar impulso em direção
da verdade —, recolha-se depois em si mesma. De fato,
também o cosmo, que abarca todas as coisas, e deus, que
rege o universo, expandem-se para o exterior, mas retornam para sua interioridade. O mesmo faça a nossa mente:
quando, ao seguir seus sentidos, tiver se dirigido para os
bens externos, mantenha seu poder tanto sobre eles quanto
sobre si. Desse modo, irá se produzir uma força única e
um poder harmônico consigo mesmo, e nascerá aquela razão segura, que não se contradiz nem mostra incerteza em
suas opiniões, conhecimentos e convicções; e esta, depois
de organizar-se, de conciliar suas partes e, por assim dizer, de harmonizar-se, terá atingido o bem supremo. Não
lhe resta nenhum defeito, nenhuma incerteza, nada que a
faça tropeçar ou cair. Fará tudo sob o próprio comando e
nada lhe ocorrerá de inesperado, mas tudo que empreender
resultará no bom êxito de quem age de modo fácil, hábil e
sem tergiversar; de fato, a preguiça e a hesitação revelam
conflito interior e inconstância. Por essa razão é possível
declarar que o bem supremo é o estado de concórdia do espírito. As virtudes deverão estar ali onde houver consenso
e unidade; os vícios conflitam.

9 "Mas tu também", contesta-se, "cultivas a virtude
tão somente porque esperas dela algum prazer." Primeiro,
se a virtude há de regalar prazer, não é por esse motivo que
é buscada. Não é isso que de fato ela regala, mas inclusive
isso, e não se esforça com esse fim, mas seu esforço, embora busque outra coisa, conseguirá também isso. Tal como
no campo lavrado para plantio brotam no meio algumas
flores, não foi, porém, para elas, por mais que deleitem a
vista, que se empregou tanto trabalho — outro foi o propó-

sito de quem semeava; isso veio de surpresa —, assim também o prazer não é recompensa nem causa da virtude, mas um elemento acessório, e não porque dá prazer agrada, mas se agrada, também dá prazer. O bem supremo está exatamente no discernimento e no estado de uma mente perfeita: quando esta completou seu aperfeiçoamento e se estabeleceu em suas delimitações próprias, está consumado o bem supremo e não tem falta de nada além; nada existe fora da totalidade, nada para além do limite supremo.

Por isso, erras quando perguntas qual é o motivo por que busco a virtude, pois estás indagando sobre algo acima do ponto supremo. Perguntas o que eu busco obter da virtude? Ela própria. Nada ela tem de melhor; é ela o prêmio de si mesma. E seria isso pouca coisa? Quando eu te disser "o bem supremo é a solidez de um ânimo inquebrantável e a prudência, a sublimidade, o equilíbrio, a liberdade, a harmonia e a beleza", algo maior ainda exiges ao qual esses atributos façam referência? Por que me falar de prazer? Eu busco o bem do homem, não do ventre, cuja capacidade é maior nas reses e nos animais selvagens.

10 "Não atentas ao que estou dizendo", rebate-se. "Eu nego que alguém possa viver com prazer se ao mesmo tempo não vive com virtude, o que não pode ocorrer aos animais nem aos que medem o seu bem pela comida. Digo e repito clara e abertamente que esta vida que eu chamo prazerosa não acontece se a ela não se uniu a virtude." Mas quem ignora que são as pessoas mais tolas as que estão repletas dos vossos prazeres, que a perversidade é farta em deleites e que a própria alma sugere tipos numerosos e pervertidos de prazer? Antes de tudo a arrogância e a excessiva autoestima, a soberba, que se exalta acima dos demais, e o amor cego e imprevidente pelos próprios haveres, a euforia por motivos insignificantes e pueris, depois a mordacidade e a insolência que se compraz com insultos, a indolência e a lassidão de uma alma fraca, amolecida nos prazeres e que se adormenta sobre si mesma. A virtude repele tudo isso e

SOBRE A VIDA FELIZ

puxa nossa orelha, avalia os prazeres antes de os acolher, nem dá valor aos que aprovou; em todo caso, acolhe-os não para fazer uso deles, mas se alegra com a temperança. A temperança, porém, por diminuir os prazeres, seria para ti uma injúria ao bem supremo. Tu abraças o prazer, eu o restrinjo; tu usufruis do prazer, eu me sirvo dele; tu o consideras o bem supremo, eu, nem sequer um bem; tu fazes tudo em função do prazer; eu, nada.

11 Quando digo que não faço nada em função do prazer, estou falando daquele sábio ideal, que é o único a quem concedemos o prazer. Mas não chamo sábio quem tem algo acima de si, ainda mais o prazer. Ora, dominado por este, como ele vai resistir à fadiga e ao perigo, à pobreza e a tantas ameaças que eclodem em torno da vida humana? De que maneira suportará encarar a morte, de que maneira as dores, de que maneira os fragores do mundo e tantos inimigos tão acerbos, vencido por um adversário tão fraco? "Aquilo que o prazer lhe tiver aconselhado, ele fará." Vamos, não vês quantas coisas lhe serão aconselhadas? "Nada de torpe poderá lhe aconselhar", afirma-se, "porque estará unido à virtude." Novamente não vês que espécie de bem supremo é esse que precisa de tutela para ser um bem? Já a virtude, como irá comandar o prazer se ela o segue, dado que seguir é próprio de quem obedece, comandar, de quem está investido de poder? Colocas na retaguarda quem comanda? Que nobre tarefa tem a virtude entre vós: anteprovar os prazeres! Mas veremos se entre os que trataram a virtude de modo tão ultrajante subsiste ainda a virtude, pois ela não pode conservar seu nome se deixou seu posto. Por ora, para ater-me ao que estamos tratando, mostrarei muitos homens assediados pelos prazeres, sobre os quais a fortuna derramou todas as suas dádivas, mas que deves reconhecer como maus. Olha para Nomentano e Apício, que vão em busca dos (tal como eles chamam) bens da terra e do mar, e sobre sua mesa examinam animais de todas as nações; observa-os a contemplarem

seu repasto desde um lugar mais alto, ornado de rosas, a deleitarem os ouvidos com cantos corais, os olhos com exibições cênicas, seu paladar com degustações; o corpo todo deles é estimulado por óleos emolientes, e para enquanto isso não ficar inativo o nariz, é impregnado de aromas variados o próprio recinto em que se celebra a intemperança. Pode-se dizer que esses homens se encontram em meio aos prazeres, no entanto, isso não terá proveito para eles, porque não desfrutam de um bem.

12 "Será ruim para eles", diria alguém, "porque intervirão muitos fatores que irão abalar seu ânimo, e opiniões entre si contraditórias inquietarão sua mente." Concedo que seja assim, mas, apesar de estúpidos, inconstantes e sujeitos ao arrependimento, vão experimentar grandes prazeres, de modo que se deve reconhecer que eles se acham distantes tanto de qualquer incômodo, quanto da serenidade e, como acontece à maioria, padecem de uma insânia alegre e entre risadas enlouquecem. Ao contrário, os prazeres do sábio são atenuados, comedidos, quase languescentes, contidos e pouco perceptíveis, de modo que, vindo sem ter sido provocados, e mesmo tendo chegado por si, não são acolhidos com honras nem com alegria pelos que os experimentam; estes os misturam e os intercalam em sua vida, tal como o jogo e o divertimento entre as atividades sérias.

Deixem, portanto, de unir coisas incompatíveis e de enlaçar o prazer à virtude, equívoco pelo qual se adula os homens piores. Aquele que se abandona aos prazeres, sempre a arrotar e a embriagar-se, porque sabe que vive com prazer, acredita que também vive com virtude, pois ouve dizer que o prazer não pode separar-se da virtude. Em seguida, qualifica os seus vícios como sabedoria e manifesta o que se deveria esconder. Assim, não são devassos por imposição de Epicuro, mas, depois de entregar-se aos vícios, escondem sua luxúria sob o manto da filosofia e correm para onde possam escutar elogios ao prazer. Não consideram quanto é sóbrio e seco aquele prazer de Epicuro — assim penso eu,

SOBRE A VIDA FELIZ   45

por Hércules —, mas se apressam em direção do nome simplesmente, em busca de apoio e cobertura para a sua libido. Assim, perdem aquele único bem que tinham entre seus males: a vergonha do erro. Louvam o que os fazia enrubescer e se vangloriam do vício. E por isso não é possível aos jovens sequer reerguer-se, quando se conferiu uma denominação honrosa a uma torpe indolência. É por este motivo que tal elogio do prazer é pernicioso, porque os preceitos virtuosos ficam ocultos; vem à luz o que corrompe.

13 Eu mesmo sou da seguinte opinião — e direi isso a contragosto de meus parceiros: Epicuro formula preceitos veneráveis e justos e, se os observas mais de perto, até austeros. De fato, o prazer, segundo ele, reduz-se a algo pequeno e frágil, e a lei que estabelecemos para a virtude, ele a estabelece para o prazer: ordena-lhe que obedeça à natureza; porém, o que é suficiente para a natureza, para a intemperança é pouco. Como seria então? Qualquer um que chama de felicidade o ócio improdutivo e a alternada satisfação da gula e da libido busca um bom defensor de sua má causa e, quando chega até ele induzido por um termo sedutor, segue não o prazer de que escuta falar, mas aquele que trazia consigo, e os seus vícios, quando ele começa a julgá-los concordantes com o que lhe é ensinado, passa a ser indulgente com eles sem temor nem dissimulação, em seguida até mesmo se entrega abertamente à devassidão. Assim, não direi o que diz a maioria dos nossos, que a escola de Epicuro é mestra de depravação, mas afirmo o seguinte: fala-se mal dela; é ruim sua reputação. "Mas imerecidamente." Isso quem pode saber se não foi admitido no círculo interno dessa escola? A face externa dela dá lugar a fabulações e suscita falsas expectativas. É como um homem valente vestido em traje feminino. Está assegurada a tua honra, tua virilidade está salva, não está entregue a uma torpe passividade o teu corpo, mas na mão tens um pandeiro frígio. Assim, é preciso escolher uma denominação honrosa e um rótulo que por si próprio desperte o ânimo: este atual os vícios o adquiriram para eles.

Quem se aproxima da virtude dá prova de ter uma índole nobre: quem segue o prazer parece frouxo, frágil, degenerado, propenso a incidir em vícios caso ninguém lhe faça distinguir os prazeres para que saiba quais deles não ultrapassam o desejo natural, quais se precipitam desenfreados e sem limites e tanto mais insaciáveis quanto mais são satisfeitos. Pois bem, se a virtude vai à frente, cada passo será seguro. Além do mais, o prazer excessivo faz mal; na virtude não se deve temer nenhum excesso, pois ela contém em si mesma a moderação; não é um bem aquilo que padece em razão da própria magnitude. De resto, aos que foram agraciados com uma natureza racional, que coisa se pode propor de melhor do que a razão? E se agrada essa união, se agrada o fato de caminhar para a vida feliz em companhia, a virtude deve ir à frente e o prazer deve acompanhá-la e girar em torno do corpo como uma sombra. No entanto, a virtude, essa sublime senhora, dá-la ao prazer como uma serviçal é próprio de alguém cuja alma não pode comportar nada de grande.

14 Vá na frente a virtude; deve ela portar as insígnias: teremos, todavia, prazer, mas iremos dominá-lo e moderá-lo. Irá obter de nós alguma coisa; a nada nos obrigará. Mas aqueles que concederam o primeiro posto ao prazer ficam privados dos dois: por um lado, perdem a virtude, por outro, não possuem o prazer, mas o prazer os possui; sentem-se ou torturados por sua falta, ou asfixiados por sua abundância, infelizes se ele os abandona, mais infelizes se os oprime. São como os que se veem colhidos nas águas das Sirtes: ou são largados em uma praia, ou flutuam em águas tumultuosas. Mas isso acontece por excessiva intemperança e devido a um amor cego por um objeto de desejo. De fato, para quem busca o mal em vez do bem é um risco alcançar seu intento. Assim como caçamos animais ferozes com fadiga e perigo, e até a posse daqueles que capturamos exige atenção — muitas vezes eles ferem seus captores —, assim também se dá com os prazeres desme-

SOBRE A VIDA FELIZ   47

surados: acabam num desmesurado mal e, depois de con-
quistados, nos conquistam. Quanto mais numerosos e intensos eles são, tanto mais servil e escravo de muitos é esse
homem que o vulgo chama de feliz. Vale ainda persistir
naquela imagem de caça. Tal como aquele que vai em busca
de tocas de animais e considera de grande importância

capturar feras com o laço

e

com os cães circundar largos prados,

para seguir suas pegadas ele abandona afazeres prioritários
e renuncia a muitos deveres, do mesmo modo, quem perse-
gue um prazer posterga tudo mais e despreza primeiramente
sua liberdade, dando-a como pagamento pelo ventre; nem
compra os seus prazeres, mas se vende aos prazeres.

15 "O que impede", pergunta alguém, "que se mesclem
a virtude e o prazer e que o bem supremo se constitua de
modo tal que venha a ser igualmente virtuoso e agradá-
vel?" É porque uma parte do que é virtuoso não pode ser
outra coisa senão algo virtuoso, nem o bem supremo man-
terá sua genuinidade se divisar em si algo distinto daquilo
que é o melhor. Nem mesmo o contentamento que deriva
da virtude, embora seja um bem, não é parte do bem absoluto, tanto quanto não o é a alegria e a tranquilidade, apesar de nascerem de causas as mais elevadas. Essas coisas
são de fato bens, mas acompanham o bem supremo, não o
consumam. Quem estabelece uma aliança entre a virtude
e o prazer, e nem ao menos de modo igualitário, enfraque-
ce, pela fragilidade de um desses bens, o que há de vigor
no outro e faz submeter-se ao jugo a liberdade, que somente é invencível se não conhece nada mais precioso do que
ela mesma. De fato, e esta é a mais consumada servidão,
ela começa a ter necessidade dos favores da fortuna. So-

brevém a isso uma vida angustiada, suspeitosa, alarmada, com pavor de infortúnios, suspensa na expectativa de cada momento. Não ofereces à virtude um fundamento sólido, imóvel, mas ordenas que ela se mantenha firme em um local instável. O que, porém, é tão instável quanto a espera de eventos fortuitos e a mutabilidade do corpo e dos fatores que afetam o corpo? Como alguém pode obedecer a deus e acolher de bom grado tudo o que lhe acontece, sem se queixar do destino, como intérprete benevolente de seus próprios infortúnios, se se vê instigado pelas aguilhoadas dos prazeres e dos sofrimentos? Mas nem mesmo de sua pátria pode alguém ser um bom defensor ou libertador, além de protetor dos amigos, se está voltado aos prazeres. Portanto, o bem supremo deve erguer-se a um ponto de onde nenhuma força pode fazê-lo descer, onde não haja acesso para a dor, para a esperança ou para o temor, nem para coisa alguma que restrinja o direito do supremo bem. Erguer-se a esse lugar só a virtude pode. Deve superar com seus passos essa ladeira. Ela resistirá com bravura e suportará tudo que lhe ocorrer não apenas com resignação, mas também de bom grado, e estará ciente de que toda dificuldade de cada momento decorre de uma lei da natureza, e, tal como um bom soldado, irá suportar os ferimentos, enumerar as cicatrizes e, ao ser atravessado pelas armas, morrendo, saberá amar o comandante pelo qual irá tombar. Terá em mente aquele antigo ensinamento: "Segue a divindade". No entanto, quem se queixa e chora e geme vê-se forçado a realizar o que lhe foi determinado, e a contragosto é arrastado a cumprir mesmo assim o que se lhe ordenou. Ora, que loucura é ser arrastado em vez de seguir! Por Hércules, tanto é estupidez e desconhecimento de sua própria condição alguém se afligir porque lhe falta algo ou lhe sobrevém uma dura provação, quanto o é ficar admirado e indignado por sofrer aquilo que acontece tanto aos bons quanto aos perversos, ou seja, doenças, lutos, debilidades e outras coisas que sucedem inesperadamente na vida humana. Tudo que havemos

SOBRE A VIDA FELIZ 49

de sofrer em decorrência da ordenação do universo deve ser acolhido com ânimo forte: estamos comprometidos com este pacto: suportar a condição mortal e não nos abalar com o que não temos o poder de evitar. Nascemos em um reino: nossa liberdade é obedecer a deus.

16 Portanto, assenta-se na virtude a verdadeira felicidade. E a virtude, o que te aconselhará? Que não consideres algo como um bem ou um mal senão o que te ocorrer por tua virtude ou por tua maldade; em seguida, que te mantenhas inamovível tanto contra o mal, quanto em relação ao bem, de modo que, quanto te é possível, imites a imagem de deus. O que te promete a virtude por essa campanha militar? Despojos enormes e comparáveis a bens divinos: não serás forçado a nada, não carecerás de nada, serás livre, seguro, indene; nada tentarás em vão, nada te será proibido; tudo irá decorrer conforme o teu desejo, nada te acontecerá de adverso, nada contra tua opinião e tua vontade. "Como então? A virtude é suficiente para uma vida feliz?" Sendo ela perfeita e divina, como não seria suficiente, ou até mais que suficiente? O que de fato pode faltar para quem se posicionou acima de qualquer desejo? De que bem exterior teria necessidade quem reúne em si tudo que é seu? Mas para quem vai na direção da virtude, mesmo se avançou bastante, é necessária certa benevolência da fortuna enquanto estiver lutando em meio às limitações humanas, até que tenha desfeito esse nó e todo liame mortal. Então que diferença há? A de que uns estão atados com força, outros, amarrados e até estirados em direções opostas. Já este que avançou para um estado de elevação interior e conduziu-se para bem alto arrasta uma corrente, mas frouxa; ainda não está livre, porém, já é como alguém livre.

17 Assim, por exemplo, se algum dos que rosnam contra a filosofia disser, como de costume: "Por que então falas com mais valentia do que vives? Por que não só abaixas a voz diante de um superior como também consideras o dinheiro um instrumento necessário para ti, ficas abatido

com um prejuízo e vertes lágrimas ao saber da morte de tua esposa ou de um amigo, temes por tua reputação e és vulnerável a palavras malignas? Por que tuas terras são cultivadas mais do que o exigido pela necessidade natural? Por que tuas refeições não se coadunam com o que preceituas? Por que tua mobília é tão suntuosa? Por que é mais velho do que tu o vinho que se bebe em tua casa? Por que ela é decorada em ouro? Por que fazes plantar árvores tão somente para darem sombra? Por que tua esposa leva nas orelhas as preciosidades de uma casa abastada? Por que teus escravos vestem trajes elegantes? Por que em tua casa servir à mesa é uma arte e os utensílios de prata não são colocados de modo casual e livre, mas dispostos com mestria, havendo inclusive um perito para o corte das carnes?". Se quiseres, acrescenta ainda isto: "Por que tens propriedades além-mar? Por que tão numerosas que não sabes quantas são? Será que és tão estúpido ou descuidado que não conheces os poucos escravos que tens ou tão opulento que possuis um número demasiado grande para poder retê-los na memória?". Daqui a pouco vou ajudá-lo em teus insultos e lançar contra mim mais censuras do que imaginas. Agora respondo-te isto: não sou um sábio e, para nutrir a tua malevolência, nem o serei. Portanto, exige de mim não que eu me equipare aos melhores, mas que eu seja melhor que os maus. Para mim é suficiente isto: eliminar diariamente um pouco dos meus vícios e repreender os meus erros. Não cheguei a uma completa cura, nem sequer chegarei; mais do que remédios, elaboro lenitivos para a minha podagra, e fico contente se as crises são mais raras e se sofro menos dores. Mas se comparo os vossos pés aos meus, mesmo debilitados, sou um velocista. Não estou falando isso por mim — eu que de fato estou imerso em todos os vícios —, mas por aquele que mostra algum avanço.

18 Alguém me diz: "Falas de um modo e vives de outro". Essa crítica — caterva tão maligna e hostil aos homens melhores — foi lançada a Platão, lançada a Epicuro, lançada

SOBRE A VIDA FELIZ   51

a Zenão. Todos eles de fato diziam não como viviam eles
próprios, mas como deveriam viver também eles. Eu falo sobre a virtude, não sobre mim, e eu faço censura aos vícios,
primeiramente aos meus. Quando puder, viverei como se
2 deve. Essa vossa malignidade, impregnada de muito veneno, não me afastará das escolhas melhores. Nem mesmo esse
vírus com que a outros contagias e com que vos destruís não
me impedirá de continuar a enaltecer não a vida que levo,
mas a que sei que deveria levar, de adorar a virtude e segui-
3 -la mesmo que rastejando a enorme distância. E deveria eu,
no entanto, esperar que nada sofra o ataque dessa malevolência, para a qual nem Rutílio foi intocável, nem Catão?
Deveria alguém preocupar-se por parecer excessivamente
rico para essas pessoas que não consideram pobre nem Demétrio, o filósofo cínico? Negam que tenha sofrido demasia-
das privações esse homem tão enérgico e que lutava contra
todos os desejos naturais, mais pobre do que os outros cí-
nicos, dado que, quando se absteve de possuir, absteve-se
também de pedir. Tu mesmo podes ver: ele professou não o
conhecimento da virtude, mas o da privação.

1   19 Afirmam que Diodoro, o filósofo epicurista, que há
poucos dias pôs fim à própria vida, não agiu em conformidade com o ensinamento de Epicuro ao cortar a jugular:
uns pretendem que esse seu ato deva ser visto como loucura,
outros, como temeridade. Ele, enquanto isso, feliz e em plena
paz de consciência, ao se retirar da vida deixou um testemunho em sua própria defesa e exaltou a tranquilidade de sua
existência, que transcorreu ancorada no porto, e referiu
algo que vos soou incômodo, como se vos obrigasse também a realizar o mesmo:

   Vivi e completei o percurso que me dera a fortuna.

2   Discutis a respeito da vida de um, da morte de outro, e,
diante do renome de grandes homens, obtido por um mérito
excepcional, ladrais como os pequenos cães quando apare-

cem pessoas estranhas. É de fato conveniente para vós que ninguém pareça bom, como se a virtude alheia servisse de reprovação para os vossos vícios. Cheios de inveja, comparais o brilho deles com o vosso estado miserável e não percebeis quanto vos é danosa essa arrogância. Realmente, se aqueles que aspiram à virtude são ávidos, dissolutos e ambiciosos, o que sois vós, em quem a própria palavra "virtude" suscita ódio? Afirmais que nenhum deles realiza aquilo que fala, nem vive conforme o modelo proposto por seu discurso. Por que se admirar, uma vez que falam de atitudes valorosas, grandiosas, que escapam a todas as tempestades humanas? Embora eles tentem desprender-se da cruz (em que cada um de vós crava os seus pregos), porém, conduzidos ao suplício, ficam suspensos cada um em uma só trave; esses que atuam contra si mesmos veem-se dilacerados em tantas cruzes quantas são as suas paixões. Mas os maledicentes se comprazem em insultar os outros. Eu poderia acreditar que estariam livres dessa atitude se alguns, presos à cruz, não cuspissem sobre os seus espectadores.

20 "Os filósofos não fazem aquilo que falam." Porém, fazem muito por falar o que falam, por concebê-lo em sua mente virtuosa. Quem dera também sua conduta fosse similar a suas palavras: nada poderia ser mais feliz do que eles. Por agora, não há motivo para desprezares as suas palavras sábias e o seu ânimo pleno de sábias reflexões. A efetuação de estudos salutares para a alma é louvável mesmo a despeito do resultado. Por que se admirar se não subiram até o alto os que tentaram uma via íngreme? Mas se és um homem, admira os que se empenham num grande projeto, mesmo se fracassam. É uma iniciativa nobre esforçar-se, tentar uma meta elevada olhando não para as próprias forças, mas para aquelas que lhe oferece a natureza, e conceber em sua mente realizações maiores do que as que podem ser empreendidas até por aqueles dotados de um grande espírito. Alguém se propôs ao seguinte: "Eu encararei a morte com o mesmo semblante com que dela ouço falar. Eu me

SOBRE A VIDA FELIZ   53

submeterei às fadigas, por maiores que sejam, amparando
meu corpo com a força do espírito. Na presença ou na ausência da riqueza eu a desprezarei igualmente, nem mais
triste se ela estiver em outra parte, nem mais altivo se brilhar ao meu redor. Eu serei indiferente à boa fortuna que se
aproxima ou que se afasta de mim. Eu verei todas as terras
como se fossem minhas, e as minhas, como se de todos. Eu
viverei ciente de ter nascido para os outros e agradecerei à
natureza por isso. De fato, de que maneira ela teria podido
cuidar melhor dos meus interesses: doou-me individualmente para todos e todos só para mim. Tudo o que eu possuir
não guardarei com avareza nem dissiparei com prodigali-
dade; terei convicção de que meu real patrimônio são as
boas doações que fiz. Não medirei os benefícios pelo número nem pelo peso, nem por nada além do valor de quem o
recebe; nunca me parecerá excessivo um benefício a alguém
digno de recebê-lo. Nada farei em função da opinião comum, tudo em função da minha consciência. Tudo que eu
fizer sem testemunha farei como se fosse à vista de todos.
Na comida e na bebida terei como limite a satisfação das
necessidades naturais, sem abarrotar o ventre até regurgi-
tar. Serei amável com os amigos, brando e flexível com os
inimigos. Vou me deixar convencer antes que me supliquem
e atenderei solicitações louváveis. Saberei que minha pátria
é o mundo, que os deuses a governam e que estão acima e
ao redor de mim como censores de minhas ações e palavras.
E quando a natureza reclamar minha vida ou a razão me
levar a deixá-la, partirei dando testemunho de ter amado a
consciência elevada e os estudos elevados, de não ter tolhi-
do a liberdade de ninguém, muito menos a minha". Quem
se propuser a realizar tais coisas, irá querê-las, irá tentá-las,
irá trilhar um caminho em direção aos deuses, e mesmo se
não tiver atingido seu objetivo,

   no entanto, pereceu em uma grandiosa empresa.

6 Contudo, vós, pelo fato de odiar a virtude e quem a cultiva, não fazeis nada inédito. De fato, os olhos enfermos receiam a luz do sol e os animais noturnos têm aversão à luminosidade do dia, e ao primeiro alvor da manhã ficam aturdidos e buscam de todo lado os seus esconderijos, refugiam-se em frestas por temor da luz. Podeis deplorar e exercitar vossa língua infeliz em insultos a homens bons, podeis escancarar a boca e morder: ireis quebrar os dentes bem antes de cravá-los.

1 **21** "Como ele pode se dedicar à filosofia e levar uma vida de pessoa tão rica? Por que diz que é preciso desprezar a riqueza, mas a possui, julga que se deve desprezar a vida e, no entanto, vive, que se deve desprezar a saúde e, no entanto, a preserva com todo zelo e prefere que seja a melhor possível? E considera o exílio uma palavra vã e ainda diz: 'Que mal pode haver em mudar de país?'. E no entanto, se lhe é possível, envelhece em sua pátria? E julga não haver diferença entre um tempo de vida mais longo ou mais breve, porém, se nada o impede, estende sua existência e de bom 2 grado conserva o vigor em idade avançada?" Ele fala que se deve desprezar essas coisas; não fala de não possuí-las, mas de não possuí-las com ansiedade; não as afasta de si, mas se elas se afastam, prossegue tranquilo. Onde realmente poderá a fortuna depositar riquezas com mais segurança do que ali de onde há de resgatá-las sem queixa de quem as res- 3 titui? Marco Catão, embora louvasse Cúrio e Coruncânio e aquela época em que um crime punível pelo censor envolvia uns poucos utensílios de prata, possuía ele próprio quatro milhões de sestércios; menos, sem dúvida, do que Crasso, mais do que o velho Catão. Se fossem comparados, ele havia superado seu bisavô por um montante maior do que aquele pelo qual era superado por Crasso, e, se lhe tivessem chegado 4 mais recursos, ele não os teria desprezado. De fato, o sábio não se julga indigno do que lhe regala a fortuna: não ama a riqueza, mas a prefere. Não a acolhe em sua alma, mas em sua casa, não rejeita a que possui, mas a conserva e quer que por ela se ofereça maior ocasião para exercer sua virtude.

SOBRE A VIDA FELIZ

22 Mas que dúvida poderia haver de que, para o homem sábio, há maior ocasião de desenvolver-se interiormente na riqueza do que na pobreza, uma vez que, nesta, a única modalidade de virtude consiste em não se curvar nem se abater; já na riqueza, a temperança, a liberalidade, a diligência, a disciplina e a magnificência têm um campo aberto. O sábio não irá depreciar-se mesmo se tiver estatura muito baixa, porém, desejará ser alto. E se for franzino de corpo ou tiver perdido um olho, estará bem, no entanto, preferirá ter um corpo robusto, mas sem desconsiderar que traz em si outro bem mais vigoroso. Irá tolerar a má saúde, mas preferir a boa. Algumas coisas, mesmo se resultam pequenas dentro de um conjunto e podem ser eliminadas sem dano para o bem principal, no entanto, acrescentam algo ao contentamento perene e que nasce da virtude. Assim, a riqueza municia o sábio e o alenta, tal como para o navegante o vento favorável que o conduz, e tal como, no frio do inverno, o bom tempo e um local ensolarado. Enfim, quem dentre os sábios — falo dos nossos, para os quais o único bem é a virtude — nega que mesmo essas coisas que chamamos de indiferentes têm algum valor em si próprias, e que umas são preferíveis a outras? De algumas delas obtemos algum proveito, de outras, muito. Assim, não te enganes: entre os preferíveis está a riqueza. "Então, por que ris de mim", indagas, "se ela tem para ti a mesma importância que para mim?" Queres saber o quanto não tem a mesma importância? Se me escapar a riqueza, ela nada me levará além dela própria; tu ficarás perturbado e te sentirás despojado de ti mesmo se ela te houver abandonado. Para mim, a riqueza tem alguma importância; para ti, a máxima. Por último, a riqueza me pertence; tu pertences a ela.

23 Deixa então de proibir os filósofos de ter dinheiro: ninguém condenou a sabedoria à pobreza. O filósofo terá amplos recursos, mas não arrancados a ninguém nem manchados do sangue alheio, gerados sem injustiça contra ninguém, sem vantagens ilícitas, dos quais seja tão honesta a

entrada quanto a destinação, e deles ninguém se lamente, exceto os perversos. Acumula-os tanto quanto quiseres: são recursos honestos, nos quais, a despeito de serem volumosos a ponto de qualquer um desejar que sejam proclamados seus, nada neles existe que alguém possa reivindicar como seu. Ele realmente não desviará de si a benevolência da fortuna, nem se vangloriará ou terá vergonha de um patrimônio adquirido por meios honestos. Porém, terá até do que se vangloriar se, ao abrir sua casa e deixar toda a cidade ter acesso a seus bens, puder dizer: "O que cada um reconhecer de seu, pode tomá-lo de volta". Homem de valor e dentre os ricos o mais admirável se, depois de dizer isso, tiver conservado tanto quanto tinha! Assim, afirmo: se ele, sem receio e tranquilo, puder se oferecer à inspeção da população, se alguém nada encontrar em sua casa de que possa se reapropriar, será rico com brio e transparência. O sábio não admitirá em sua casa nenhum valor que entre de modo desonesto, todavia, não repudiará nem excluirá recursos vultosos, desde que dom da fortuna e fruto de sua virtude. Qual o motivo para que lhes recuse um bom lugar? Venham e recebam sua hospitalidade. O sábio nem vai se gabar deles nem escondê-los — a primeira atitude é a de um tolo, a outra, a de um medroso e pusilânime, como quem busca guardar dentro do bolso um bem precioso — nem, como eu disse, vai lançá-los pela janela. O que lhes dirá então: "Sois inúteis" ou "Eu não sei fazer uso de riquezas"? Assim como ele poderá fazer uma viagem a pé e, no entanto, irá preferir fazê-la sobre um veículo, igualmente, se poderá ser pobre, irá querer ser rico. Portanto, possuirá recursos, mas como bens instáveis e voláteis, e não vai aceitar que eles sejam onerosos para outra pessoa ou para si. Ele fará doações — por que levantar as orelhas, por que já preparar os bolsos? —, ele fará doações ou para os bons ou para aqueles que ele puder tornar bons, fará doações com máximo critério, elegendo os mais dignos, como quem não esquece de que se deve prestar conta de valores tanto desembolsados quanto recebidos, fará doações por uma razão

SOBRE A VIDA FELIZ

justa e louvável, pois entre os piores desperdícios está o mau donativo. Seu bolso será acessível, não furado, de modo que dele possa sair muito e não cair nada.

24 Engana-se caso alguém ache que é fácil doar: esse ato envolve inúmeras dificuldades se se distribui com discernimento, não dispersando ao acaso e por impulso. Faço-me credor deste, restituo um valor àquele, presto socorro a um, de outro me compadeço. Aquele eu provejo por ser digno de não sofrer o aviltamento nem as preocupações da pobreza. Para alguns, embora precisem, não darei, pois mesmo se eu der há de lhes faltar. A uns oferecerei, a outros até forçarei a aceitar. Não posso nessa matéria ser negligente; nunca faço melhor investimento do que quando doo. "Como?", indagas, "tu doas para receber?" Certamente não para perder: a condição ideal da doação é aquela em que não deva ser reclamada, mas possa ser restituída. O benefício deve estar reservado como um tesouro que se enterra bem fundo e só se desenterra em caso de necessidade. Mas a própria casa de um homem rico, quanta oportunidade tem para oferecer benefícios! Quem convoca a generosidade somente para com a clientela? A natureza ordena-me a ser útil aos homens. Se são escravos ou homens livres, nobres ou libertos, se sua liberdade é legal ou concedida por amizade, que importa? Onde houver um homem, ali há ocasião para o benefício. Portanto, é possível até mesmo no âmbito doméstico conceder uma soma em dinheiro e exercer a liberalidade, que não foi assim denominada porque destinada a homens livres, mas porque provém de um espírito livre. No caso do sábio, ela nunca é dirigida a pessoas torpes e indignas, e nunca se cansa, enquanto vagueia, a ponto de não derramar-se, como que de um recipiente pleno, sempre que depara alguém digno.

Não há, portanto, motivo para interpretar mal o que é dito de modo honesto, resoluto e vigoroso pelos que buscam a sabedoria. E deve-se, antes de tudo, prestar atenção a isto: uma coisa é alguém buscar a sabedoria, outra é já tê-la alcançado. Aquele primeiro te dirá: "Falo muito bem, mas ainda me debato em meio a inúmeros males. Não há motivo para que exijas de mim conformidade com minha doutrina: ao máximo eu me exercito e me moldo e tento erguer-me conforme um modelo superior. Se eu tiver progredido tanto quanto me propus, exige que minhas ações correspondam às minhas palavras". Mas aquele que alcançou a plenitude da perfeição humana tratará contigo de maneira diversa e te dirá: "Primeiro, não podes te permitir opinar sobre pessoas melhores do que tu; já no meu caso, o que é prova de meu estado virtuoso, cabe-me incomodar os maus. Mas para te dar uma justificativa, que não recuso a ninguém, ouve o que irei propor e qual o valor que dou a cada coisa. Nego que a riqueza é um bem, pois, se fosse, tornaria bons os homens. Ora, posto que não se pode considerar um bem aquilo que é encontrado na casa de pessoas perversas, nego-lhe esse nome. No entanto, reconheço não só que se deva possuí-la, como também que ela é útil e que oferece grandes comodidades a nossa vida.

25 Escutai então por que eu não incluo a riqueza entre os bens e por que tenho uma atitude diferente da vossa em relação a ela, posto que ambos concordamos que é preferível possuí-la. Instala-me em uma casa riquíssima, onde ouro e prata são de uso habitual: não me considerarei superior por essas coisas que, mesmo junto de mim, porém, estão fora de mim. Transfere-me para a ponte Sublícia e deixa-me entre os mendigos: contudo, não me sentirei desprezível por estar sentado no meio deles, que estendem a mão para uma esmola. Que importa se falta um pedaço de pão para quem não falta a possibilidade de morrer? Qual a conclusão? Prefiro aquela casa esplêndida em vez da ponte. Instala-me em meio a um mobiliário luxuoso e a objetos refinados: não me sentirei nem um pouco mais feliz porque me acomodarei sobre um tecido macio, porque meus convidados se estenderão sobre púrpura. Muda o meu leito: não me sentirei nem um pouco mais infeliz se minha cabeça

SOBRE A VIDA FELIZ   59

cansada repousar sobre um montículo de feno, se eu me
deitar sobre um acolchoado de circo que solta o enchimen-
to pelos remendos de um tecido velho de linho. A conclusão? Prefiro exibir-te meu estado interior trajando toga pre-
3   texta em vez de fazê-lo com os ombros nus. Podem todos
os dias decorrer conforme o meu desejo, novas alegrias se
enlaçarem com as precedentes: nem por isso vou me rejubi-
lar. Muda essa situação benévola em seu contrário: de todo
lado seja golpeado meu ânimo por perdas materiais, pelo
luto, por ataques de todo tipo, não haja nenhum momento
sem algum motivo de queixa: não por isso direi que sou
infeliz, mesmo às voltas com tamanhas desventuras; não
por isso vou execrar dia algum. Eu realmente me precavi
para que nenhum dia me seja nefasto. Conclusão? Prefiro
moderar as alegrias em vez de reprimir as dores".

4   Sócrates te dirá o seguinte: "Faz-me vencedor de todos
os povos, aquele famigerado e requintado carro de Líber
me transporte em triunfo desde o Oriente até Tebas, reis
se submetam às minhas leis: estarei ciente de ser um homem principalmente quando for saudado por toda parte
como um deus. Conjuga com esse fastígio sublime uma
queda vertical; seja eu colocado sobre um veículo para
adornar o desfile triunfal de um vencedor soberbo e fe-
roz: ao me levarem na retaguarda do desfile de um outro,
minha humildade não será menor do que quando estive
à frente do meu. Conclusão? Prefiro, no entanto, vencer
5   a ser prisioneiro. Desprezarei todo o reino da fortuna,
mas dele tomarei o melhor se me for permitida escolha.
Tudo que me vier será convertido em um bem, mas prefiro que me venham situações mais fáceis e agradáveis e
que me maltratem menos quando eu lidar com elas. Não
há de fato motivo para pensares que exista virtude sem
esforço, mas algumas virtudes precisam de incitamento,
6   outras, de freios. Assim como se deve refrear nosso corpo numa descida e impulsioná-lo numa subida, igualmente
algumas virtudes estão em um declive, outras sobem uma

ladeira. Há qualquer dúvida de que a paciência, a coragem, a perseverança e qualquer outra virtude que se contrapõe a dificuldades vão em subida, esforçam-se, lutam e subjugam a fortuna? E então? Não é igualmente manifesto que por um declive vão a liberalidade, a temperança, a mansidão? Nestas retemos o ânimo para que não resvale, naquelas empregamos exortações e estímulos intensos. Portanto, aplicaremos à pobreza aquelas virtudes que sabem combater com mais força, à riqueza aquelas que atuam com mais cautela, avançam com passo contido e sustentam o próprio equilíbrio. Tendo sido feita essa distinção, prefiro me servir dessas que devem ser exercidas com mais tranquilidade em vez daquelas cuja prática envolve sangue e suor. Portanto, eu" — conclui o sábio — "não vivo de modo diferente daquele que falo, mas vós é que entendeis de modo diferente. Somente o som das palavras chega aos vossos ouvidos: qual o seu significado, não se procura saber".

26 "Que diferença então existe entre o estúpido que sou e o sábio que és, se o que ambos queremos é ter?" "Enorme: pois, junto ao homem sábio, as riquezas estão na servidão; junto ao estúpido, estão no comando. O sábio nada permite às riquezas; estas tudo vos permitem; vós, como se alguém vos tivesse prometido a eterna posse delas, vos habituais e vos apegais a elas, o sábio medita ainda mais sobre a pobreza quando está assentado em plena riqueza. Nunca um general crê na paz a ponto de não se preparar para a guerra, que, mesmo se não está em curso, está anunciada; vós, com arrogância vos encantais com uma bela casa, como se ela não pudesse nem incendiar-se nem ruir, com os bens materiais, como se estivessem acima de todo risco e fossem grandes demais para que a fortuna tivesse força suficiente para os consumir. Ociosos, vós vos distraís com as riquezas sem vos precaver contra o perigo que correm, tal como com frequência os bárbaros, sitiados e sem conhecimento das máquinas de guerra, ficam olhando apáticos o trabalho dos que fazem o cerco e não

SOBRE A VIDA FELIZ   61

entendem para que servem aquelas construções que vão
sendo erguidas à distância. O mesmo acontece convosco:
estais entorpecidos com o vosso patrimônio e não cogitais
quantos infortúnios de todo lado o ameaçam e estão para
auferir dentro em pouco preciosos despojos. Quem levar as
riquezas de um sábio irá deixar-lhe todos os bens que lhe
são próprios, pois ele vive feliz com sua condição presente
e sem preocupação com o futuro."

4   Diz ainda o notável Sócrates, ou algum outro de igual autoridade e domínio no tocante às questões humanas: "A nada
estou mais decidido do que a não orientar nenhum ato de
minha vida pelas vossas opiniões. Acumulai-me das críticas
costumeiras vindas de toda parte: não vou pensar que me
estais recriminando, mas que soltais vagidos como míseros
5   recém-nascidos". Dirá isso aquele que foi agraciado com a
sabedoria, cujo ânimo, isento de vícios, o leva a repreender
os outros, não por ódio, mas para regenerá-los. Àquelas palavras ele acrescentará: "A vossa avaliação me afeta não por
mim, mas por vós, pois odiar e atacar a virtude é renunciar
à boa esperança. Não me fazeis nenhuma injúria, e não o fazem nem mesmo aos deuses esses que destroem altares. Mas
o propósito maligno fica aparente, bem como o projeto maligno, mesmo quando não foi possível consumar o malefício.
6   Suporto vossas alucinações do mesmo modo que Júpiter Ótimo Máximo suporta as futilidades dos poetas, que ora lhe
colocaram asas, ora cornos, um o representou como adúltero
e notívago, outro o fez cruel com os deuses, um outro, injusto com os homens, ainda outro, raptor de jovens bem nascidos que inclusive eram parentes seus, um outro, parricida
e usurpador do reino alheio e do paterno: eles não fizeram
outra coisa senão remover nas pessoas o pudor de uma ação
viciosa no caso de haverem acreditado que os deuses são as-
7   sim. Mas, ao passo que tudo isso não me prejudica em nada,
todavia, no vosso interesse eu vos advirto: olhai para a virtude com admiração, acreditai naqueles que, tendo-a seguido
longo tempo, proclamam seguir algo grandioso e que a cada

dia parece maior. E cultuai a virtude tal como os deuses, e os que a professam, tal como sacerdotes, e toda vez que ocorrer menção dos textos sacros, 'favorecei com silêncio ritual'. Essa expressão, ao contrário do que muitos pensam, não implica a noção de um favor, mas por ela se exige silêncio para que um rito possa se realizar conforme prescrito, sem nenhum rumorejo profanatório. Isso é ainda mais necessário que se exija de vós, para que, sempre que algo seja proferido por aquele oráculo, escuteis atentos e sem falar. Quando um homem, agitando um sistro, profere mentiras a mando de alguém, quando outro, artificioso em ferir os próprios membros, faz sangrar os braços e os ombros sobrepondo-lhes a mão, quando uma mulher solta uivos, arrastando-se pela rua de joelhos, e um velho com túnica de linho e coroa de louro, portando uma lamparina em pleno dia, proclama a ira de algum deus, vós acorreis e escutais e ainda afirmais que se trata de pessoa inspirada, alimentando cada um por sua vez uma estupefação recíproca".

27 Eis Sócrates a clamar de dentro do cárcere, que ele purificou ao entrar e tornou mais honroso que qualquer cúria senatorial: "Que furor é esse, que índole é essa, hostil aos deuses e aos homens, que deseja difamar as virtudes e violar com palavras malignas o que é sagrado? Se podeis, louvai os homens bons, se não, deixai-os em paz. Mas se vos agrada exercer essa detestável liberdade, atacai-vos uns aos outros. Pois quando vos enfureceis contra o céu, não digo que cometeis um sacrilégio, mas que desperdiçais vosso esforço. Certa vez servi de motivo para os deboches de Aristófanes, e toda uma turba de poetas cômicos despejou anedotas envenenadas contra mim: viu-se iluminada a minha virtude justamente pelos dardos com que procuravam atingi-la. De fato para ela é útil ser publicamente exposta e submetida à prova, e ninguém percebe qual a sua dimensão mais do que os que sentiram sua resistência ao atacá-la: a dureza de uma pedra, só bem a conhece quem a golpeou. Eu fico exposto como uma rocha isolada num mar agitado

SOBRE A VIDA FELIZ   63

e que as vagas, movidas de todo lado, não cessam de açoitar e, nem por isso, fazem-na deslocar-se ou a desgastam
com seu impacto ao longo do tempo. Lançai-vos sobre ela,
atacai-a: eu vos vencerei resistindo. Tudo que investe contra um alvo firme e impenetrável aplica a sua força para seu
próprio dano. Por isso, buscai matéria maleável e irresistente em que se possam cravar vossos dardos.

4   Mas tendes tempo livre para examinar os vícios alheios
e emitir opiniões sobre qualquer um? 'Por que esse filósofo
tem uma habitação tão ampla? Por que é tão suntuoso o seu
jantar?' Observais um furúnculo no outro, estando cobertos de inúmeras úlceras? É como se alguém risse das pintas
ou verrugas de corpos belíssimos enquanto está sendo de
5   vorado por horrorosa lepra. Censurai Platão porque pediu
dinheiro, Aristóteles porque o recebeu, Demócrito por tê-lo
desprezado, Epicuro por tê-lo despendido, reprovai meu vínculo com Alcibíades e Fedro, vós que ficaríeis tão felizes de
imitar nossos vícios na primeira oportunidade que tivésseis.
6   Por que antes não olhar para os vícios que vos assediam,
que vos atingem de toda parte, uns atacando de fora, outros
queimando por dentro das vísceras? A condição humana não
é tal que, mesmo se pouco sabeis do vosso estado, vos reste
tanto tempo livre para vos ocupar de injuriar os que são melhores do que vós.

1   28 Isso vós não entendeis e mostrais um olhar que diverge da vossa situação, tal como tantos em cuja casa alguém morre enquanto estão se distraindo no circo ou no
teatro, e o infortúnio ainda não lhes foi comunicado. No
entanto, olhando do alto, eu vejo as tempestades que ou
estão sobre vós e a ponto de descarregar suas águas, ou,
já próximas, chegarão mais perto para vos arrastar junto
com vossos bens. O que mais dizer? Não é que nesse exato
momento, mesmo se pouco o percebeis, uma voragem faz
girar vossas almas e as engole enquanto tentam escapar em
busca das mesmas ilusões, e ora são levantadas até as alturas, ora batem no fundo do abismo ***?".

Sobre o ócio

PARA SERENO

SOBRE O ÓCIO

1   I *** tornam para nós aceitáveis os vícios em vista de um
grande consenso. Mesmo se não tentarmos nenhuma outra
atividade que seja prestativa, porém, por si só o nosso afastamento será útil: seremos melhores atuando isoladamente.
Além do mais, é lícito retirar-se para junto de figuras subli-
mes e eleger um exemplo pelo qual regulemos nossa vida.
Isso só se realiza no ócio. Só então é possível perseverar na
decisão tomada por nós uma vez, quando não há intervenção
de ninguém que, pelo influxo da opinião comum, distorça
um julgamento ainda frágil; só então é possível fazer avançar, numa marcha regular e contínua, um modo de vida que
2   fragmentamos em razão de propósitos os mais diversos. De
fato, entre os nossos males, o pior é o que nos faz mudar de
um vício para outro. Assim, nem mesmo nos ocorre de per-
manecermos em um mal já familiar. Atrai-nos ora uma coisa, ora outra e nos atormenta também o fato de que nossos
julgamentos não apenas são errôneos, mas também variáveis:
vemo-nos oscilar, e agarramos ora uma coisa, ora outra, lar-
gamos o que havíamos tomado, retomamos o que havíamos
3   largado, nosso desejo alterna-se com o arrependimento. Somos inteiramente dependentes de juízos alheios e nos parece
melhor aquilo que muitos almejam e elogiam, não aquilo que
se deve elogiar e almejar, e não avaliamos um caminho como
bom ou ruim em si mesmo, mas com base na multidão de
rastros, entre os quais nenhum é de quem volta atrás.

4 Vais me perguntar: "O que estás dizendo, Sêneca? Abandonas os teus parceiros? O certo é que os teus estoicos dizem: 'Seremos ativos até o último momento de vida, não deixaremos de nos empenhar para o bem comum, de prestar ajuda individual, de dar assistência com nossa mão idosa até a inimigos. Nós somos aqueles que não concedemos dispensa a idade nenhuma e, como diz aquele eloquentíssimo autor,

nossas cãs encobrimos sob o capacete;

nós somos aqueles em que nada antes da morte é inativo, a tal ponto que, se a situação nos permite, nem a nossa própria morte é inativa'. Por que nos falas de preceitos de Epicuro bem no quartel-general de Zenão? Se tu te sentes contrariado em teu grupo, por que não tomar a firme deci-
5 são de desertar em lugar de trair?". Por ora vou responder-te isto: "Queres que eu vá mais além de me mostrar semelhante aos meus comandantes? E como seria então? Eu irei não para onde eles me enviarem, mas para onde me conduzirem".

1 2 Vou agora provar-te que não me afasto dos preceitos dos estoicos. De fato, nem eles próprios se afastaram dos seus, e, no entanto, eu estaria totalmente desculpado até mesmo se deles eu seguisse não os preceitos, mas os exemplos. Dividirei em duas partes aquilo que proponho: primeiro, que uma pessoa pode, já desde jovem, entregar-se inteiramente à contemplação da realidade, buscar uma filo-
2 sofia de vida e praticá-la reservadamente; em seguida, que isso a bom direito pode alguém fazer depois de concluído o período de serviço obrigatório, em idade avançada, e pode repassar a outros as suas práticas interiores, à maneira das Vestais, que, conforme a divisão de seus anos de serviço entre diferentes deveres, aprendem a realizar os rituais e, depois que aprenderam, os ensinam.

1 3 Mostrarei que os estoicos também aprovavam isso, não porque eu tenha fixado para mim a regra de não come-

SOBRE O ÓCIO   69

ter nenhuma infração contra o que foi dito por Zenão ou
Crisipo, mas porque o próprio argumento me permite aderir
à opinião deles, dado que se alguém sempre segue a opinião de um só, não se encontra em um senado, mas em uma
facção. Quem dera já tivéssemos a compreensão de tudo, a
verdade fosse patente e incontestável e não alterássemos nenhum de nossos princípios! Mas agora buscamos a verdade
propriamente junto daqueles que a ensinam.

2   Também neste tema estão em máximo desacordo as
duas escolas, a dos epicuristas e a dos estoicos, mas cada
uma nos dirige para o ócio por uma via diversa. Epicuro
diz: "O sábio não participará da vida pública, a menos que
sobrevenha uma situação excepcional". Zenão afirma: "Ele
participará da vida pública, a menos que algo o impeça".
3   Um busca o ócio com um propósito particular, o outro,
com base em um motivo particular; esse motivo, porém,
é amplamente evidente. Se a vida política está degenerada
demais para que seja possível prestar-lhe ajuda, se está do-
minada por pessoas perversas, o sábio não se empenhará
em vão, nem irá se desgastar sem produzir nada de útil. Se
ele tiver pouca autoridade e força e o Estado não se mostrar pronto a acolhê-lo, se a saúde o impedir, assim como
ele não lançaria ao mar um navio avariado, nem se alista-
ria para a atividade militar sendo um inválido, igualmente
ele não avançará por um caminho se souber que é imprati-
4   cável. Portanto, também aquele que ainda tem disponíveis
todas as opções, antes de passar por quaisquer tempestades, pode manter-se em segurança, consagrar-se de imedia-
to aos estudos liberais e viver em completo retiro, a cultivar
as virtudes, que podem ser praticadas até pelos que mais se
5   abstêm da vida pública. É isto, sem dúvida, que se exige de
um homem, que seja útil aos homens, se possível, a muitos,
se não, a poucos, se ainda não, aos mais próximos, se nem
a esses, a si próprio. Pois, quando se torna útil para os outros, empreende uma atividade de interesse comum. Assim
como quem se torna pior é nocivo não apenas a si mesmo,

mas também a todos aqueles a que poderia ter sido útil caso tivesse se tornado melhor, igualmente quem presta um bom serviço a si mesmo é útil aos outros pelo próprio fato de que prepara alguém que lhes haverá de ser útil.

4 Imaginemos duas repúblicas, uma grande e realmente de todos, que abriga deuses e homens, na qual não olhamos para este ou para aquele ângulo, mas medimos os limites de nossa cidade pelo curso do sol; a outra é aquela para a qual nos destinou o nosso nascimento. Esta será a república dos atenienses ou dos cartagineses ou de alguma outra cidade, a qual não pertence a todos, mas a certos homens. Alguns se ocupam ao mesmo tempo de ambas as repúblicas, da maior e da menor, alguns apenas da menor, outros só da maior. À república maior podemos zelosamente servir inclusive durante o ócio, talvez até melhor durante o ócio, de modo a investigar o que é a virtude, se há uma só ou várias, se é a natureza ou o saber filosófico que torna bons os homens; se é único esse mundo que abarca mares e terras e os elementos inseridos no mar e na terra ou se deus disseminou muitos corpos desse tipo; se é contínua e compacta a matéria da qual tudo é gerado ou é descontínua e o vazio se mistura a corpos sólidos; qual é a morada divina, se deus contempla sua obra ou influi sobre ela, se ele a circunda de fora ou a ocupa por completo; se o universo é imperecível ou deve ser incluído entre os corpos transitórios e nascidos para durar um tempo limitado. Quem contempla tudo isso oferece a deus o quê? Que sua obra tão grandiosa não fique sem testemunha.

5 Costumamos dizer que o bem supremo é viver em conformidade com a natureza. A natureza nos criou para duas finalidades: para a contemplação e para a ação. Comprovemos agora o que diz respeito a essa que mencionamos em primeiro lugar. Que mais dizer? O fato não ficará comprovado se cada um se indagar quanto desejo tem de conhecer o que ignora, quanto lhe desperta interesse qualquer narrativa? Alguns navegam e suportam as fadigas de uma

longuíssima viagem em troca da única recompensa de conhecer algo inédito e distante. É isso que atrai o público aos espetáculos, é isso que nos faz explorar realidades ocultas, indagar sobre fatos recônditos, compulsar a história antiga, escutar sobre os costumes de nações bárbaras. A natureza nos deu uma índole curiosa e, consciente de sua arte e de sua beleza, criou-nos como espectadores para tão grandes espetáculos, e perderia o fruto de sua obra se na solidão exibisse realidades tão grandiosas, tão esplêndidas, tão sutilmente arquitetadas, tão claras e de diversificada beleza. Para que entendas que ela quis ser contemplada por nós, e não apenas vista, observa que lugar nos atribuiu: posicionou-nos em sua parte central e nos deu a possibilidade de olhar para tudo ao nosso redor. Não só tornou o homem ereto, mas também, na intenção de habilitá-lo para a contemplação, para que ele pudesse acompanhar os astros a deslizarem do nascente até o poente e pudesse girar seu rosto em conjunto com eles, dotou-o de uma cabeça elevada e a uniu a um pescoço flexível; depois, fazendo avançar seis constelações durante o dia e seis durante a noite, desvelou-lhe todas as suas partes, de modo que, por meio desses fenômenos que oferecera aos olhos dele, fizesse despertar o desejo também de outros. De fato não podemos observá-los todos, nem sua real dimensão, mas nossa visão abre para si mesma um caminho de investigação e assenta os fundamentos para a verdade, de modo que nossa pesquisa passe das realidades manifestas para as que são obscuras e revele algo mais antigo do que o próprio mundo: qual a origem das estrelas, qual era a configuração do universo antes que cada um de seus elementos se separasse, que princípio racional os dividiu quando estavam imersos e indistintos; quem atribuiu às coisas os seus lugares: se por sua natureza o que era pesado desceu, o que era leve se elevou, ou, para além da tendência e peso dos corpos, alguma força superior teria ditado a lei para cada um; se é verdadeiro aquele argumento — com que da maneira mais cabal se tenta provar que os homens participam do espírito divino — de que uma parte ou, por assim dizer, algumas centelhas dos astros caíram sobre a terra e se fixaram em um lugar que não lhes é próprio. Nosso pensamento rompe as trincheiras do céu e não se contenta em conhecer aquilo que lhe é mostrado. Ele diz: "Eu procuro sondar aquilo que está além do cosmo: se há uma vastidão ilimitada ou se também esse espaço está encerrado em delimitações próprias; qual é a condição das coisas existentes fora dessas delimitações; se são disformes e indistintas, se ocupam o mesmo espaço estendidas em todas as direções ou também elas estão distribuídas numa certa ordenação; se são contíguas a este cosmo ou estão separadas e distantes dele e se ele gira no vazio; se são indivisíveis os elementos dos quais é constituído tudo que existe e que existirá ou é contínua a matéria deles e mutável só em sua completude; se os elementos são contrários entre si ou não conflitam, mas vão de comum acordo por vias diversas". Avalia quanto é escasso o tempo recebido pelo homem, dado que nasceu para investigar tais questões, mesmo se ele o reivindica integralmente para si. Ainda que nenhum instante lhe seja tirado por fraqueza, nem ele permita escapar-lhe nenhum por negligência, ainda que com máxima avareza conserve as suas horas e chegue ao mais avançado limite da existência humana, e a fortuna não arruíne parte alguma do que lhe tenha constituído a natureza, no entanto, o homem é demasiado mortal para o conhecimento das realidades imortais. Portanto, eu vivo em conformidade com a natureza se a ela me dou integralmente, se sou seu admirador e cultor. A natureza, porém, quis que eu realizasse duas coisas: tanto agir, quanto liberar-me para a contemplação. Eu realizo ambas, posto que nem mesmo existe contemplação sem ação.

6 "Mas importa saber", observas, "se dela te ocupaste por prazer, nada lhe pedindo senão uma contínua contemplação sem resultado. De fato, é uma prática prazerosa e tem seus atrativos." A essa objeção eu te respondo: igualmente importa saber em que estado de ânimo conduzes tua

SOBRE O ÓCIO

vida pública, se sempre estás agitado, sem nunca tomar para ti algum tempo em que possas redirecionar o olhar do plano humano para o plano divino. Assim como não é de modo algum recomendável buscar bens materiais, sem nenhum amor pelas virtudes e sem o cultivo da mente, e estar só a executar meras tarefas (pois deve haver uma mescla e uma combinação dessas atividades), da mesma maneira é um bem imperfeito e debilitado a virtude que é relegada ao ócio sem a ação, e que não mostra jamais o que aprendeu. Quem negaria que ela deve comprovar seus progressos através de sua atividade, não apenas considerar o que se deveria realizar, mas também por vezes meter mãos à obra e conduzir à realização o que havia meditado? Mas se da parte do próprio sábio não há impedimento, se não falta quem realize, mas falta o que se deve realizar, então não se permitiria ao sábio estar a sós consigo mesmo? Com que perspectiva interior o sábio se retira no ócio? Com a consciência de que também nessa ocasião ele irá realizar ações pelas quais será útil à posteridade. Por certo somos nós, estoicos, que dizemos que tanto Zenão quanto Crisipo realizaram ações mais grandiosas do que se tivessem comandado exércitos, ocupado cargos públicos, proposto leis. Eles as propuseram em benefício não de uma única cidade, mas de todo o gênero humano. Portanto, por que razão não conviria ao homem bom um tal ócio, pelo qual ele poderia orientar as gerações futuras, falar não para uns poucos, mas para todos os homens de todas as nações, os de agora e os do futuro? Em suma, pergunto se Cleantes, Crisipo e Zenão teriam vivido em conformidade com seus preceitos. Sem dúvida responderás que eles viveram exatamente como disseram que se deveria viver. Todavia, nenhum deles se ocupou da vida pública. "Eles não tiveram", dizes, "ou a situação oportuna ou a condição social que por costume se requer para o exercício da atividade pública." Mas eles, a despeito disso, não viveram uma vida inativa: descobriram como a sua tranquilidade poderia ser mais útil aos homens do que a correria e o suor de outros.

Assim, embora não tenham atuado na vida pública, eles, no entanto, pareceram ter sido muito ativos.

7 De resto, três são os modos de vida entre os quais se costuma indagar qual seria o melhor: um consagra-se ao prazer, o outro, à contemplação, e o terceiro, à ação. Primeiramente, depois de deixar de lado a rivalidade e o ódio implacável que declaramos aos que seguem modos de vida diversos, vejamos como todos os três, sob um rótulo ou outro, chegam ao mesmo objetivo: nem aquele que aprova o prazer exclui a contemplação, nem aquele que se aplica à contemplação exclui o prazer, nem aquele cuja vida é dirigida às ações exclui a contemplação. "Há enorme diferença", dizes, "se uma coisa é um fim ou é algo acessório a outro fim." Admitamos que exista grande diferença, porém, uma coisa não existe sem a outra: nem aquele contempla sem agir, nem este age sem contemplação, nem aquele terceiro, que concordamos em avaliar negativamente, aprova o prazer inativo, mas o prazer que, por obra da razão, ele consegue tornar interiormente estável. Assim, também essa doutrina consagrada ao prazer é comprometida com a ação. E por que não seria, uma vez que o próprio Epicuro afirma que por vezes se afastaria do prazer, e até buscaria a dor se o prazer estivesse ameaçado pelo arrependimento ou se houvesse opção de uma dor menor em lugar de uma maior? A que visa essa argumentação? A evidenciar que todos aprovam a contemplação. Outros a pretendem como meta; para nós ela serve de escala, não é o porto a que nos destinamos.

8 A isso agora acrescenta que, segundo a norma de Crisipo, é permitido viver no ócio: não digo que alguém deva se submeter ao ócio, mas optar por ele. Os nossos afirmam que o sábio não irá participar das atividades de um tipo qualquer de governo. Mas que importa como o sábio chega ao ócio, se é porque o Estado o desampara ou ele ao Estado, admitindo-se que para todos o desamparo por parte do Estado é iminente? Contudo, o Estado sempre irá desamparar os que o questionam de maneira crítica. Pergunto de que tipo de

SOBRE O ÓCIO

governo participará o sábio. Daquele dos atenienses, no qual Sócrates é condenado, Aristóteles foge para não ser condenado? No qual a inveja oprime as virtudes? Tu me dirás que o sábio não participará desse tipo de governo. Então vai o sábio participar do governo dos cartagineses, no qual a discórdia é permanente e a liberdade é perigosa para os melhores cidadãos, o que é justo e bom não tem valor algum, é desumana a crueldade contra os inimigos e hostil até contra os próprios concidadãos? Também esse governo ele evitará. Se eu quiser percorrer um a um, não encontrarei nenhum Estado que possa tolerar o sábio ou ser por este tolerado. E se não é encontrado aquele Estado que imaginamos, o ócio passa a ser necessário para todos nós, pois a única coisa que podia ser preferível ao ócio não existe em parte alguma. Se alguém diz que navegar é ótimo e, em seguida, diz que não se deve navegar num certo mar porque nele costumam ocorrer naufrágios e com frequência advêm tempestades imprevistas, que arrastam o piloto para uma direção contrária, este, penso eu, me proíbe de zarpar, embora louve a navegação. ***

Notas

A tradução dos três diálogos foi feita a partir do texto latino editado por L. D. Reynolds (Oxford, 1977). A cifra que encabeça cada nota remete ao número do capítulo, seguido do número do parágrafo dentro de cada capítulo, conforme numeração tradicionalmente estabelecida na edição do texto latino e reproduzida no texto da tradução.

SOBRE A PROVIDÊNCIA

"Sobre a razão de homens bons sofrerem infortúnios..." (*Quare aliqua incommoda bonis uiris accidant...*): é possível que o título original da obra tenha sido este que vem transmitido como subtítulo, referente à justiça divina, questão em que de fato se concentra o diálogo. O qualificativo *bonus*, usado em referência a *uir* (o homem adulto), forma uma juntura que, durante a época republicana, era empregada na esfera social e política, para designar o cidadão que cultivava os valores fixados pelo *mos maiorum*, o código de conduta dos antepassados. Depois, tanto essa expressão quanto sua equivalente *uir fortis* (homem valoroso) foram adotadas na terminologia da filosofia moral, como correspondentes dos qualificativos gregos *agathós* e *spoudaîos*, em referência ao homem engajado na via filosófica. Sêneca, porém, distinguia o *vir bonus* do sábio, como indica esta passagem da epístola 42, 1:

Iam tibi iste persuasit virum se bonum esse? Atqui vir bonus tam cito nec fieri potest nec intellegi. Scis quem nunc virum bonum dicam? hunc secundae notae; nam ille alter fortasse tamquam phoenix semel anno quingentesimo nascitur.

E esse já te convenceu de que é um homem bom? Mas não é possível tornar-se tão depressa um homem bom nem ser reconhecido como tal. Mas sabes quem eu designo como homem bom? Um de segunda ordem, pois aquele outro [*sc.* o sábio], como a fênix, nasce talvez a cada quinhentos anos.

Também outros elementos da terminologia política republicana foram transferidos para a esfera da filosofia moral, como *libertas*, agora em referência à liberdade interior, *pax*, *concordia*, em referência ao estado de permanente serenidade da alma (cf. *Sobre a vida feliz*, 3, 4: *pax et concordia animi*, paz e harmonia do espírito).

1, 1   Gaio Lucílio Júnior: mesmo destinatário do tratado *Investigações sobre a natureza* (*Naturales quaestiones*) e das *Epístolas morais* (*Moralium epistulae libri*). Informações esparsas nas epístolas permitem compor o perfil de Lucílio, que figura naquela obra como discípulo de Sêneca (cf. Lanzarone, 2008, pp. 18-20): era cerca de dez anos mais jovem que o filósofo (ep. 26, 7), nativo de Nápolis ou Pompeios (ep. 49, 1; 53, 1; 70, 1), de origem humilde (ep. 19, 5), mas de condição livre (ep. 44, 6); ascendeu à posição de cavaleiro (ep. 44, 2), exerceu o cargo de procurador em várias províncias: Alpes, Epiro ou Macedônia, África e Sicília (ep. 31, 9). Também se dedicou à composição de obras filosóficas e poéticas (ep. 24, 19; ep. 46; *Investigações sobre a natureza* 4a, *praef.* 14).

1, 1   "a divindade nos assiste" (*interesse nobis deum*): sobre a concepção senequiana de deus, Bellincioni (1986, p. 15) observa o seguinte: "O deus de Sêneca é o deus dos estoicos: é o logos que pervade o mundo e é seu princípio ordenador, e, ao mesmo tempo, é o mundo, a natureza, o universo: 'Tudo o que nos contém é uno e é deus; e nós somos tanto parceiros quanto parte dele' (ep. 92, 30)". Em uma passagem da obra *Investigações sobre a natureza* (II, 45, 2-3), dedicada à física — um dos três campos de estudo das filosofias helenísticas, ao lado da moral e da lógica —, Sêneca explicita a concepção estoica de deus:

> *Vis illum fatum uocare, non errabis; hic est ex quo suspensa sunt omnia, causa causarum. Vis illum prouidentiam dicere, recte dices; est enim cuius consilio huic mundo prouidetur, ut inoffensus exeat et actus suos explicet. Vis illum naturam uocare, non peccabis; hic est ex quo nata sunt omnia, cuius spiritu uiuimus. Vis illum uocare mundum, non falleris; ipse enim est hoc quod uides totum, partibus suis inditus, et se sustinens et sua.*

Queres chamá-lo destino, não errarás; dele todas as coisas dependem, ele é a causa das causas. Queres chamá-lo providência, é correta essa denominação; com sua sabedoria ele provê este mundo para que se conserve íntegro e realize seus movimentos. Queres chamá-lo natureza, não te equivocarás; dele nascem todas as coisas, por cujo sopro vivemos. Queres chamá-lo universo, não te enganarás; ele é de fato tudo o que vês, imanente a suas partes, e sustenta tanto a si mesmo quanto o que é seu.

Sêneca, possivelmente já durante a composição do *Sobre a providência*, estaria escrevendo uma obra sobre a moral, talvez não concluída, ou ao menos não transmitida, da qual ele dá notícia na epístola 106, 1:

> *Quid ergo fuit quare non protinus rescriberem? id de quo quaerebas veniebat in contextum operis mei; scis enim me moralem philosophiam velle conplecti et omnes ad eam pertinentis quaestiones explicare.*

Então por que foi que não te respondi logo? O que me perguntavas inseria-se na contextura de minha obra. Sabes que eu pretendo abranger em uma obra toda a filosofia moral e desenvolver todas as questões a ela pertinentes.

1, 1   "vou atuar em defesa dos deuses" (*causam deorum agam*): essa fórmula indica que será dado ao diálogo um formato análogo ao de uma das espécies discursivas praticadas na oratória escolar: o discurso de controvérsia, em que se tratava de uma causa judiciária. Assim, embora seja um diálogo filosófico, com formato epistolar, endereçado a um destinatário, com o uso de módulos expressivos do diálogo (*adice nunc quod, non est quod dicas, cogita, intellegis* etc.: "'além do mais', 'acrescenta', 'não há motivo para dizer', 'pensa', 'entendes'"), o *De prouidentia* apresenta as articulações formais prescritas na retórica para o discurso oratório no gênero judiciário: exórdio, proposição, divisão, argumentação, entremeada de exemplos positivos e negativos, e peroração. Menciona-se também logo de início a adoção de um procedimento técnico usual em uma causa judiciária, ou seja, o isolamento, por parte da defesa, de um dos pontos implicados na causa: "Mas, visto que achamos melhor extrair uma pequena parte de um todo e solucionar uma só objeção, deixando intacto o conjunto da causa" (*sed quoniam a toto particulam reuelli placet et unam contradictionem manente lite integra soluere*). A mescla de gêneros discursivos é uma prática observada com frequência na escrita senequiana.

1, 6   "a petulância dos escravos de casa" (*uernularum licentia*): os escravos nascidos em casa eram tratados com menos rigor, sendo-lhes permitida certa liberdade de expressão para divertimento da família senhorial.

2, 1   Interpelações de um interlocutor genérico, raramente identificável com o destinatário do diálogo, são um traço estrutural da prosa senequiana. Na retórica antiga, esse expediente era rotulado pelo termo latino *sermocinatio* (em grego, *diálogos*, cf. Quint. 9, 2, 31), uma subcategoria da prosopopeia (ver adiante, nota ao 6, 3).

2, 9   Marco Pórcio Catão (95-46 a.C.): líder republicano, aliado de Pompeu Magno no conflito contra Júlio César, suicidou-se após a derrota em Útica, no norte da África. Foi tomado pelos estoicos romanos como um modelo de perfeição moral.

NOTAS   81

2, 10   O suicídio de Catão é retratado por Sêneca como um espetá-
        culo teatral: a fala que lhe é atribuída configura-se como um
        monólogo trágico, recitado diante de Júpiter. Como obser-
        va Traina (1999, p. 101, n. 10), a apóstrofe ao *animus* (*Ag-
        gredere, anime, diu meditatum opus*, "Realiza, minh'alma,
        uma ação por longo tempo meditada") é um estilema quase
        exclusivamente trágico, frequente nos dramas senequianos.
            Petreio foi um dos generais que atuaram nas forças de
        Pompeu Magno no conflito contra Júlio César. Após a der-
        rota dos pompeianos na batalha de Tapso, em 46 a.C., Juba
        I, rei da Numídia, norte da África, aliado de Pompeu, fugiu
        junto com Petreio. Os dois decidiram morrer em um duelo
        de morte. Depois de matar Juba, Petreio se suicidou com a
        ajuda de um escravo.

3, 3   Demétrio, filósofo cínico mencionado também em 5, 5, com
        quem Sêneca parece ter tido contato, foi duas vezes exilado
        de Roma: sob Nero e, posteriormente, sob Vespasiano.

3, 4   Catálogo de personagens históricas tomadas como modelos
        de conduta nas adversidades: Gaio Múcio Cordo, cogno-
        minado Cévola, herói romano do século VI a.C., depois de
        capturado por inimigos etruscos, fez queimar a mão direita
        para mostrar sua indiferença à própria vida; Caio Fabrício
        Luscino, cônsul em 282 e 278 a.C., tornou-se exemplo de
        austeridade e desprezo pela riqueza ao recusar ofertas de
        Pirro, rei do Epiro. Públio Rutílio Rufo (164-78 a.C.), ma-
        gistrado romano e estoico, discípulo de Panécio: depois de
        exercer, em 94 a.C., o cargo de procônsul na Ásia, foi injus-
        tamente acusado e condenado por corrupção. Após o exílio
        em Mitilene, transferiu-se voluntariamente para Esmirna,
        não aceitando retornar a Roma mesmo depois de reconhe-
        cida a falsidade da acusação por ele sofrida. Marco Atílio
        Régulo, cônsul em 256 a.C., tornou-se exemplo de bravura
        e patriotismo por ocasião da Primeira Guerra Púnica: foi
        capturado pelos cartagineses e, em seguida, liberado para
        negociar um acordo de paz no senado romano, mas reco-
        mendou a continuidade da guerra e retornou aos inimigos
        para ser supliciado. Sócrates, condenado à morte em Ate-
        nas, submeteu-se serenamente à execução.

3, 8   Lúcio Cornélio Sula (138-78 a.C.), designado como di-
        tador em 82, autocognominado *Felix* (afortunado), pro-
        moveu a proscrição e execução de milhares de cidadãos
        romanos. A Lei Cornélia, promulgada por Sula em 81,
        regulava punições por prática de homicídio e envenena-
        mento. A referência ao espoliário (*spoliarium*) é metafóri-
        ca: trata-se do local do anfiteatro para onde eram levados
        os corpos dos gladiadores mortos ou moribundos, para
        serem despojados de suas vestimentas e armas.

3, 10   Gaio Clínio Mecenas (68-8 a.C.), aliado de Augusto e rico
        protetor das artes, é citado com frequência por Sêneca
        como exemplo de personagem luxuriosa, juntamente com
        sua esposa Terência.

3, 14   Quanto à fala atribuída à Natureza, ver a seguir, nota ao 6,
        3. Pompeu, César e Crasso, os três líderes mais poderosos
        de Roma nos anos 50 a.C., fizeram um pacto para exercer o
        controle político da república, denominado Primeiro Triun-
        virato. Públio Vatínio foi um aliado de Júlio César e opositor
        da aristocracia republicana, também conhecido por ter sido
        alvo de um discurso proferido por Cícero em 56 a.C. (*In
        Vatinium testem*, Contra o testemunho de Vatínio).

5, 2   Ápio Cláudio Cego (350-271 a.C.) e Lúcio Cecílio Metelo
        (*c.* 290-221 a.C.), dois eminentes líderes políticos roma-
        nos, afetados pela cegueira.

5, 3   "virgens da alta nobreza" (*nobilissimas uirgines*): trata-se
        das vestais, virgens de famílias patrícias escolhidas por
        sorteio para consagrar-se ao culto da deusa Vesta.

5, 4   "nessa mais ampla república" (*in hac magna re publica*):
        ver *Sobre o ócio* 4, 1.

5, 10-11 Ovídio, *Metamorfoses* II, 63-9; 79-81, com acréscimo do
        v. 74 parcialmente modificado. O trecho reproduz a fala do
        Sol dirigida a seu filho Faetonte para dissuadi-lo de condu-
        zir seu carro no percurso solar. Outra referência a esse mito
        ocorre em *Sobre a vida feliz* 20, 5. A citação de versos no

NOTAS   83

discurso filosófico senequiano tem função de intensificar o
efeito psicagógico, dada a força impressiva atribuída à lin-
guagem poética tanto pela tradição estoica (cf. ep. 108, 10),
quanto pela tradição latina do *carmen*, modo de elocução
empregado em fórmulas mágicas, oraculares e jurídicas.

6, 2   Demócrito de Abdera (460- *c.* 370 a.C.). Entre as poucas no-
        tícias sobre sua vida, consta que teria nascido em uma famí-
        lia rica e renunciado a uma parte de seus bens para dedicar-
        -se aos estudos e a viagens em busca de conhecimento.

6, 3   "Imagina então que deus diga" (*puta itaque deum dice-*
        re): frase que introduz a fala da divindade, recurso retó-
        rico designado de modo genérico, na terminologia grega,
        como prosopopeia, na latina, como personificação, e que
        consiste em atribuir um discurso a personagens históricas
        ou mitológicas, quando vivas ou depois de mortas, a di-
        vindades e ainda a seres inanimados ou mesmo abstratos.
        Esse recurso ocorre com frequência no *Sobre a providên-*
        cia, em passagens de maior ou menor extensão, como a
        fala de Catão (2, 10), a da Fortuna (3, 3), a do filósofo
        Demétrio (5, 5) e a da Natureza (3, 14). Encontram-se
        também exemplos nos outros dois diálogos incluídos nes-
        te volume: a fala do sábio, no *Sobre a vida feliz* 24-8, e a
        fala atribuída à "mente humana" no *Sobre o ócio* 5, 6.

6, 6   "Esse é um aspecto pelo qual podeis superar deus" (*Hoc est*
        quo deum antecedatis): como observa Lanzarone (2008, p.
        17), "o motivo da *homoíosis theô* (assimilação a deus) está
        presente em Sêneca desde suas primeiras obras, mas é novo
        o resultado a que chega no *Sobre a providência*: com a vir-
        tude o homem pode não só se tornar semelhante a deus,
        mas até mesmo superá-lo, já que ele deve a si mesmo, à sua
        força moral, a 'impassibilidade' que deus deve à natureza;
        o conceito encontra uma correspondência exata apenas na
        epístola 53, 11". A passagem integral da epístola é esta:

        Totam huc converte mentem, huic adside, hanc cole: in-
        gens intervallum inter te et ceteros fiet; omnes mortales
        multo antecedes, non multo te dii antecedent. Quaeris

quid inter te et illos interfuturum sit? diutius erunt. At mehercules magni artificis est clusisse totum in exiguo; tantum sapienti sua quantum deo omnis aetas patet. Est aliquid quo sapiens antecedat deum: ille naturae beneficio non timet, suo sapiens. Ecce res magna, habere inbecillitatem hominis, securitatem dei. (ep. 53, 11-12)

Direciona para lá [*sc.* para a filosofia] toda a tua mente, coloca-te junto a ela, cultiva-a: uma enorme distância se abrirá entre ti e os demais homens; estarás muito à frente de todos os mortais; não estarão os deuses muito à tua frente. Perguntas qual será a distância entre eles e ti? Eles durarão mais. Mas, por Hércules, uma grande habilidade é capaz de encerrar tudo em um espaço exíguo; para o sábio, a sua vida se estende tanto quanto para deus a eternidade. Há um aspecto pelo qual o sábio supera deus: este, graças à sua natureza, está isento de temor; o sábio, graças a si mesmo. Que notável condição: ter a debilidade de um homem, a serenidade de deus.

SOBRE A VIDA FELIZ

1, 1   "meu irmão Galião": trata-se de Novato, o irmão mais velho de Sêneca, também destinatário do diálogo *Sobre a ira*. O senador Lúcio Júnio Galião, muito amigo e provavelmente conterrâneo de Sêneca, o Velho (cf. *Controvérsias* x, Prólogo, 13; *Suasórias* iii, 6, 7), adotou Novato em seu testamento, o qual passou a se chamar Lúcio Júnio Galião Anaeano. Além de procônsul da Acaia entre 51 e 52, no ano seguinte Galião foi cônsul sufeto. Ele se suicidou em 66, um ano depois da morte de Sêneca, talvez em decorrência de uma condenação por Nero.

1, 2   "se nos esforçarmos... por um nível de consciência elevado" (*si... bonae menti laboremus*): como figura divinizada na religião romana, Bona Mens representava o equilíbrio e a saúde mental. Transferida para a terminologia filosófica, *bona mens* aparece em Sêneca como equivalente da expressão grega *orthós lógos*, em referência à disposição de ânimo

NOTAS   85

associada à sanidade psíquica (ep. 10, 4), à tranquilidade da
alma (ep. 56, 6), à liberdade interior (*Sobre os benefícios* 1,
11, 4), à sabedoria (ep. 23, 1), enfim, ao estado de perfeição
interior, tido como o bem supremo da alma, como se lê no
capítulo 9, 3: *summum bonum in ipso iudicio est et ha-
bitu optimae mentis*, "o bem supremo está exatamente no
discernimento e no estado de uma mente perfeita". Sobre o
bem supremo, ver *Epístolas a Lucílio* 66, 46.

1, 3   "julgando excelente o que foi acolhido por grande con-
          senso" (*optima rati ea quae magno adsensu recepta sunt*):
          observação de conteúdo semelhante ao da frase fragmen-
          tária no início do diálogo *Sobre o ócio* 1, 1 (*nobis magno
          consensu uitia commendant*, "tornam para nós aceitáveis
          os vícios em vista de um grande consenso").

2, 2   "os que vestem uma clâmide, quanto os que ostentam um
          laurel" (*chlamydatos quam coronatos*): tanto a clâmide,
          que era um manto suntuoso, quanto a coroa de louro,
          própria de ocasiões celebrativas, remetem a indivíduos
          que, a despeito da dignidade social, são enquadrados por
          Sêneca na categoria ordinária do vulgo, por sua incapaci-
          dade de distinguir o verdadeiro do falso.

3, 2   "pedirei... que divida a sua proposição... interpelado...
          depois de todos" (*iubebo sententiam diuidere... post om-
          nes citatus...*): Sêneca estabelece analogia entre seu proce-
          dimento metodológico como filósofo e aquele em uso no
          senado romano, pelo qual um senador podia pedir a di-
          visão de uma proposta para votar pela aprovação apenas
          parcial dela (cf. ep. 21, 9). Além disso, alude também ao
          protocolo que dava aos senadores mais eminentes e mais
          antigos o direito de votar primeiro, ficando por último os
          membros de menor expressão.

4, 2   "uma mente que despreza os eventos fortuitos, satisfeita
          com a virtude" (*animus fortuita despiciens, uirtute lae-
          tus*): descrição do estado interior de autossuficiência, no
          estoicismo referido pelo termo grego *autárkeia*.

4, 3-4 "isento de medo, isento de desejo... O dia subjugado ao prazer será também subjugado à dor" (*extra metum, extra cupiditatem... Quo die infra uoluptatem fuerit, et infra dolorem*): mencionam-se os quatro movimentos da alma que, segundo a psicologia estoica, geram as afecções passionais: o medo e o desejo como movimentos, respectivamente, de repulsão ao que se julga um mal ou de atração pelo que se julga um bem; o prazer e a dor como movimentos baseados na crença de que se experimenta, respectivamente, algo bom ou mau. A conquista da capacidade de julgar corretamente o valor de cada evento ou aspecto da vida (cf. 6, 2) é o que dá acesso ao estado de liberdade interior, ou de imunidade às afecções passionais, o qual caracteriza a vida feliz retratada neste diálogo.

6, 1 A partir daqui a discussão concentra-se na polêmica antiepicurista relativa ao prazer. Havia uma forte oposição entre as escolas estoica e epicurista quanto aos princípios em que estavam baseados os seus ensinamentos e o modo de vida ligado a eles. No epicurismo, em lugar da proposição socrática de que a alma humana é movida em direção ao bem por um amor congênito, afirmou-se que o fator que move a alma é a busca do prazer, de modo que à filosofia caberia conduzir a busca racional do prazer verdadeiro, um prazer existencial absoluto, que se efetua num estado perene de serenidade e ausência de perturbação. Já para os estoicos o bem é tudo o que resulta do assentimento da alma aos ditames da razão, faculdade divina na qual o homem tem participação; pelo lado contrário, o mal é tudo o que resulta do assentimento aos impulsos irracionais. O assentimento manifesta uma decisão da alma dependente da vontade de agir ou não em conformidade com a razão. O bem ou o mal só podem existir com relação ao que, para realizar-se, depende de um assentimento à razão ou aos estímulos passionais; de resto, tudo o que depende de causas exteriores a nós, ou seja, não sujeitas à nossa vontade, não seria nem um bem, nem um mal, mas indiferente, categoria dentro da qual se distinguem os preferíveis (cf. *Sobre a vida feliz*, capítulo 22). Dado que os homens sofrem, do ponto de vista epicurista, porque ignoram qual o verdadeiro prazer, e porque não sabem se satisfazer com o prazer

NOTAS   87

que possuem, e do ponto de vista estoico, porque diante de
vicissitudes não sabem reagir conforme os ditames da razão,
sendo por isso presa das afecções irracionais da alma, ambas
as doutrinas assumem o propósito de sanar esses obstáculos
ao alcance de uma felicidade plena, exercitando, no caso dos
epicuristas, a distensão, a serenidade, a fruição dos prazeres pela satisfação racional dos desejos; no dos estoicos, a
resistência às paixões e a adesão à razão. As duas doutrinas
desenvolveram no campo da ética, respectivamente, uma
teoria do prazer e uma teoria das afecções passionais para
definir os fundamentos da conduta adequada ao modo de
vida proposto por cada uma.

8, 2   "tropas auxiliares e ligeiras" (*auxilia et armaturae leues*):
Sêneca usa com frequência metáforas referentes à vida
militar. As tropas auxiliares eram integradas por comba-
tentes fornecidos por aliados; não portavam a armadura
pesada dos legionários e seus comandantes ficavam subor-
dinados a um oficial romano.

8, 3   "Confiante em seu ânimo e preparado para a boa e a má
fortuna" (*fidens animo atque in utrumque paratus*): Virgílio, *Eneida* II, 61.

9, 4   "Eu busco o bem do homem, não do ventre" (*hominis bonum quaero, non uentris*): a frase refuta uma proposição
de Epicuro (fr. 409 Usener): "princípio e raiz de todo bem
é o prazer do ventre".

11, 4   Cássio Nomentano, exemplo de perdulário e glutão, provavelmente o mesmo mencionado por Horácio (*Sátiras* I,
I, 102; I, 8, II; II, I, 22), teria despendido uma grande
fortuna em banquetes. Personagem similar foi Marco Gá-
vio Apício, que viveu na época de Tibério e escreveu um
tratado de culinária (*De re coquinaria*).

12, 5   "... não é possível aos jovens sequer reerguer-se..." (*ne re-
surgere quidem †adulescentiae† licet*): neste ponto o texto
apresenta uma falha, para a qual foram propostas várias
emendas, nenhuma considerada plenamente satisfatória.

13, 2   "ócio improdutivo" (*desidiosum otium*): conceito oposto ao do ócio filosófico descrito no diálogo *Sobre o ócio*.

13, 3   "pandeiro frígio" (*tympanum*): instrumento usado no culto da deusa Cibele por sacerdotes emasculados.

13, 4   "desejo natural" (*naturale desiderium*): Epicuro propunha a partição dos desejos (*epithymíai*) em três gêneros (cf. Diógenes Laércio x, 127). Uma descrição dessa partição ocorre em uma passagem de Cícero, *Sobre os fins* I, 13, 45: *Qui unum genus posuit earum cupiditatum, quae essent et naturales et necessariae, alterum, quae naturales essent nec tamen necessariae, tertium, quae nec naturales nec necessariae,* "Ele [*sc.* Epicuro] propôs um gênero de desejos que seriam naturais e necessários; outro, os que seriam naturais, mas não necessários; e um terceiro, os que não seriam nem naturais, nem necessários". A distinção entre desejos necessários e não necessários encontra-se também em Platão (p. ex., *A república*, livro VIII). O processo epicurista de busca do prazer supremo envolvia uma ascese dos desejos, classificados conforme sua satisfação levasse à supressão da dor e do sofrimento. A ascese consistia em suprimir os desejos tidos como não naturais nem necessários (p. ex., o desejo de riqueza, glória e imortalidade), e em limitar o mais possível os considerados naturais, mas não necessários (p. ex., o desejo sexual ou o de alimentação suntuosa); os desejos naturais e necessários, correspondentes a necessidades elementares e vitais, deviam ser atendidos na medida justa de sua satisfação.

14, 1   "nas águas das Sirtes" (*mari Syrtico*): referência a dois golfos do sul da península itálica (*Syrtis maior* e *Syrtis minor*), famosos na Antiguidade pelas águas agitadas e pelos baixios.

14, 3   "capturar feras com o laço... com os cães circundar largos prados" (*laqueo captare feras... latos canibus circumdare saltus*): citação ligeiramente alterada de Virgílio, *Geórgicas* I, 139-40: *tum laqueis captare feras et fallere uisco/ inuentum et magnos canibus circumdare saltus,* "então se

NOTAS   89

descobriu como capturar feras com laços e enganá-las com um visco, com os cães circundar grandes prados".

18, 1   Zenão de Cítio (334-262 a.C.), fundador da escola estoica.

18, 3   Rutílio, Demétrio: mesmos personagens mencionados em *Sobre a providência*, respectivamente em 3, 4 e 3, 3 (ver notas).

19, 1   "Vivi e completei o percurso que me dera a fortuna" (*uixi et quem dederat cursum fortuna peregi*): Virgílio, *Eneida* IV, 653.

20, 5   "no entanto, pereceu em uma grandiosa empresa": citação de uma passagem de Ovídio, *Metamorfoses* II, 327-28, referente à lenda de Faetonte: *Hic situs est Phaeton currus auriga paterni/ quem si non tenuit magnis tamen excidit ausis*, "aqui jaz Faetonte, auriga do carro paterno,/ que, se não pôde controlá-lo, pereceu, porém, em uma grandiosa empresa".

21, 3   Sobre Catão, ver nota a *Sobre a providência* 2, 9; a menção ao "velho Catão" refere-se a Catão, o Censor (234-149 a.C.), célebre pela integridade de seu caráter e bisavô daquele Catão cognominado uticense. Mânio Cúrio Dentato, morto por volta de 270 a.C., de origem plebeia, tornou-se um herói romano por suas vitórias militares e pela retidão moral. Em 280 exerceu o consulado junto de Tibério Coruncânio, também de família plebeia, com quem manteve um laço de amizade modelar (cf. Cícero, *Sobre a amizade*, 39). Marco Licínio Crasso, milionário romano, integrante do chamado Primeiro Triunvirato, ao lado de Júlio César e Pompeu, foi derrotado e morto em uma expedição militar contra os partos, na Ásia Central, em 53 a.C.

22, 4   "falo dos nossos": *i.e.*, os sábios estoicos.

25, 2   "um acolchoado de circo" (*circense tomentum*): *tomentum* designava um acolchoado usado pelos pobres, feito de junco; o qualificativo talvez se deva ao fato de que habitualmente esse acolchoado recobria o leito rústico dos gladiadores; outra hipótese é a de que era usado nos espetáculos do circo pelos espectadores pobres (ver Marcial, *Epigramas* 14, 160).

25, 4 "carro de Líber" (*Liberi currus*): o carro em que o deus Dioniso foi transportado desde a Índia até a cidade de Tebas, onde nascera Sêmele, sua mãe. Em Roma, os generais vitoriosos eram autorizados pelo senado a realizar um desfile triunfal (*pompa*) dentro da cidade, quando eram exibidos sobre carros (*fericula*) os despojos dos inimigos vencidos e os prisioneiros de guerra.

26, 6 Alusões a mitos referentes aos amores de Júpiter: sua transformação em cisne para unir-se a Leda, em touro, para unir-se a Europa, a noite duplicada em união com Alcmena, o rapto do jovem Ganimedes; por fim, o atentado contra seu pai Saturno para obter o reino celeste.

26, 8 "um homem, agitando um sistro..." (*sistrum aliquis concutiens*): referência ao sacerdote do culto de Ísis, uma divindade egípcia; de resto, alude-se a cultos orientais de natureza orgiástica, que incluíam autoflagelação, entre eles, o culto de Cibele.

27, 2 "deboches de Aristófanes" (*Aristophani... iocorum*): na comédia *As nuvens*, o poeta Aristófanes ridicularizou Sócrates e sua escola.

27, 5 Na fala de Sócrates ocorre um evidente anacronismo, já que Aristóteles e Epicuro viveram em época posterior à sua. Platão teria recusado Ésquines em sua escola porque este não podia pagá-lo; Aristóteles tornou-se rico ao servir na corte dos reis macedônicos Filipe e Alexandre, o Grande; Demócrito dissipou a herança paterna; Alcibíades e Fedro teriam sido amantes de Sócrates.

28, 1 É comumente admitida a possibilidade de que, em um manuscrito mais antigo, do qual derivariam os manuscritos supérstites, teriam se perdido as páginas que continham o fim do *Sobre a vida feliz* e o início do *Sobre o ócio*. No entanto, a prosopopeia de Sócrates parece encerrar o diálogo, de modo que não seria extenso o trecho final desaparecido.

NOTAS   91

SOBRE O ÓCIO

Devido à perda do trecho inicial do diálogo, não há certeza quanto à identidade do destinatário, cujo nome, além disso, foi apagado no *Index* que precede o texto dos diálogos no manuscrito Ambrosiano, onde aparece a inscrição *ad* ⦂⦂⦂⦂ *de otio*, que é também a única menção ao título do diálogo. Uma hipótese comumente aceita é que o *Sobre o ócio* teria como destinatário Aneu Sereno, um jovem amigo de Sêneca (cf. ep. 63, 14) e possivelmente um parente seu. A ele são endereçados dois outros diálogos: o *Sobre a tranquilidade da alma* e o *Sobre a firmeza do sábio*. Sereno pertencia à ordem equestre, tradicionalmente integrada pelos cidadãos mais abastados. Tal como Novato, Sereno também atuou na administração pública, tendo obtido, por influência de Sêneca, o cargo de *praefectus uigilum*, equivalente a chefe dos bombeiros, função importante numa cidade exposta a constantes incêndios. No entanto, sua carreira foi interrompida por uma morte prematura, por envenenamento, em 62 d.C.

1, 1   "eleger um exemplo pelo qual regulemos nossa vida" (*et aliquod exemplum eligere ad quod uitam derigamus licet*): conforme observa Dionigi (1983, p. 165), "a referência a *exempla* dotados de autoridade — em Sêneca acentuada pela retórica [...] — era inerente à ética romana [...], fundada sobre a ancianidade e sobre o costume dos antepassados (*mos maiorum*)". Os modelos preferidos de Sêneca eram Sócrates e Catão de Útica.

       "pelo influxo da opinião comum" (*populo adiutore*): o termo *populus*, que na época republicana designava a comunidade social e política juridicamente reconhecida, na época imperial, passou a designar uma "sociedade apolítica", a "massa dos muitos", e aparece empregado por Sêneca como sinônimo de *uulgus*, o vulgo (cf. Dionigi, 1983, p. 168), para designar, em contraposição ao *bonus uir*, os homens inconscientemente dominados pelos impulsos afetivos.

1, 4   "nossas cãs encobrimos sob o capacete" (*canitiem galea premimus*): Virgílio, *Eneida* IX, 612.

"Por que nos falas de preceitos de Epicuro bem no quartel--general de Zenão?" (*Quid nobis Epicuri praecepta in ipsis Zenonis principiis loqueris?*): jogo de palavras envolvendo os termos *praecepta*, referente aos recursos admonitórios da filosofia moral, e *principia*. Este último é aqui usado em substituição a *decreta*, referente ao conteúdo doutrinário, termo usualmente antinômico de *praecepta*, e que, no presente contexto de oposição entre duas escolas filosóficas, adquire um valor metafórico bastante expressivo, dada a confluência de outro significado do plural *principia*, referente ao "ponto central do acampamento militar" ou "quartel-general".

1, 5 "Eu irei não para onde eles me enviarem, mas para onde me conduzirem" (*non quo miserint me illi, sed quo duxerint ibo*): a frase expressa oposição entre a postura passiva de quem meramente executa ordens e a postura ativa de quem imita um modelo de conduta (*exemplum*) selecionado autonomamente por meio da razão e do discernimento (*ratio* e *iudicium*) pessoais.

2, 1-2 Tal como no *Sobre a providência*, a estruturação do *Sobre o ócio* segue a forma de um discurso judiciário, contendo, desta vez, uma autodefesa de Sêneca relativa à "acusação" de que ele teria infringido o preceito da escola estoica que recomendava a atuação na vida política, ao propor a tese epicurista da excelência do ócio (*proderit... secedere*, "nosso afastamento será útil"). Ocorrem alguns componentes frequentes no *genus iudiciale*, como o emprego da proposição (*propositio*), em que se nega o fato apontado pela acusação — *probabo tibi non desciscere me a praeceptis Stoicorum*, "vou agora provar-te que não me afasto dos preceitos dos estoicos" —, e da divisão (*partitio*) — *hoc quod dico in duas diuidam partes*, "dividirei em duas partes aquilo que proponho" —, referente a dois pontos a serem demonstrados (ou reivindicados): a legitimidade da *uita otiosa* desde a juventude (*a prima aetate*) ou em idade avançada, depois de uma trajetória de atividades públicas. Adota-se, porém, um desenvolvimento livre, próprio do formato epistolar, em lugar de uma progressão linear relativa aos itens anunciados na divisão. Assim, aparece tratado apenas o primeiro pon-

NOTAS   93

to sobre a legitimidade do *otium* na primeira juventude, ao
passo que o segundo não é discutido; a partir do capítulo
3, aponta-se uma sucessão de justificativas para retirar-se
da vida pública. De resto, a ocorrência da proposição e da
divisão da discussão neste capítulo, por serem constituintes
iniciais de um discurso, é um forte indício de que não era
extenso o trecho inicial que se perdeu.

2, 2 "depois de concluído o período de serviço obrigatório... à
maneira das Vestais" (*emeritis stipendiis... uirginum Vestalium more*): a referência ao limite etário para participação
em atividades militares, que era sessenta anos, serve como
imagem indicativa de idade avançada. As vestais eram sacerdotisas da deusa Vesta, divindade tutelar do fogo sagrado no
âmbito do culto doméstico e do culto público, cujo sacerdócio era exercido por um período obrigatório de trinta anos.
"e pode repassar a outros as suas práticas interiores": a
frase transmitida pelos manuscritos apresenta problemas
interpretativos, para cuja solução foram propostas várias
emendas conjecturais. Adotou-se aqui a conjectura formulada por Ivano Dionigi (*et †ad alios actus animi† referre*), por ele assim traduzida: *e rivolgere agli altri le attività
dello spirito*, "e dirigir aos outros as atividades do espírito". A tradução dada aqui procura expressar uma possível
interpretação contextual próxima a essa de Dionigi.

3, 1 "nenhum de nossos princípios" (*nihil ex decretis*): o termo
decreta refere-se aos princípios teóricos, propostos, no caso,
pela doutrina estoica, como fundamento para a correta avaliação da realidade e, daí, para a ação reta (cf. ep. 95).

4, 2 Este parágrafo contém uma súmula de tópicos investigados no campo da física na perspectiva das doutrinas filosóficas da época helenística, em particular, naquela da
doutrina estoica.

5, 6 Fala atribuída à "mente humana", recurso retórico denominado prosopopeia (ver acima, nota ao *Sobre a providência*, 6, 3).

6, 4   "Eles *as* propuseram em benefício não de uma única cidade" (quas *non uni ciuitati... tulerunt*): nesta frase, o termo referente "leis", mencionado pouco antes, é retomado em um sentido mais amplo: não as leis civis e políticas, mas as leis ou princípios doutrinais da filosofia moral.

6, 5   "a condição social... para o exercício da atividade pública" (*ea dignitas... ad publicarum rerum tractationem*): Cleantes, Crisipo e Zenão não podiam exercer cargos públicos em Atenas por serem estrangeiros.

7, 1   "três são os modos de vida... um consagra-se ao prazer, o outro, à contemplação, e o terceiro, à ação" (*tria genera sunt uitae... unum uoluptati uacat, alterum contemplationi, tertium actioni*): alusão às escolas epicurista, peripatética e estoica. Na sequência, Sêneca mostra que os três modos de vida inserem-se na prática comum a essas três escolas.

8, 1   "segundo a norma de Crisipo, é permitido viver no ócio" (*e lege Chrysippi uiuere otioso licet*): no cap. 3, 2, vem atribuída a Zenão essa norma: "Zenão afirma: 'Ele participará da vida pública, a menos que algo o impeça'" (*Zenon ait: "accedet ad rem publicam, nisi si quid impedierit"*). Sobre isso, Dionigi (1983, p. 200) comenta: "Sêneca refere-se indiferentemente ou atribui a mesma autoridade a um ou outro mestre estoico. Valerá também considerar aqui que a liberdade na referência às fontes é própria do estilo de Sêneca, interessado mais na verdade moral do que na exegese literária ou na exatidão filológica".

8, 2   "Então vai o sábio participar do governo dos cartagineses..." (*Ad Carthaginiensium ergo rem publicam sapiens accedet...*): o cenário político da antiga Cartago, descrito com verbo no presente histórico, reflete também a situação contemporânea de Roma sob o principado de Nero, conforme narrado pelo historiógrafo Tácito, em *Anais*, livros XIV-XV.

8, 4   A hipótese da existência de uma lacuna na parte final do diálogo apoia-se nos seguintes fatos: o diálogo termina

NOTAS

bruscamente com um *exemplum* sobre a navegação; não é desenvolvido o segundo tópico anunciado na divisão (2, 1), sobre a legitimidade do ócio na velhice; por fim, o diálogo apresenta uma brevidade anômala. Para Ivano Dionigi (1983, pp. 47-8), a lacuna final, se de fato existente, seria de pouca extensão: "[...] o *exemplum* da *nauigatio*, considerado brusco e suscetível de ulterior desenvolvimento, encerra com perfeita funcionalidade — e conclui no nível da imagem — toda a argumentação precedente, centrada na polarização entre 'tensão relativa à prioridade do empenho na *res publica* ideal'/ 'constatação da necessidade do afastamento na *res publica* contingente'". De resto, quanto à ausência do tópico anunciado, como ressalta Dionigi (1983, p. 45), Sêneca, no desenvolvimento da argumentação, "procedia mais por associação que por distinção de ideias, mesmo quando traçava linhas claras de divisão e de programação". Já na opinião de Miriam Griffin (1976, p. 336), a parte perdida poderia chegar a uma extensão equivalente à metade da obra.

Bibliografia

TEXTO LATINO

SENECAE, L. Annaei. *Dialogorum Libri Duodecim*. Recognouit breuique adnotatione critica instruxit L. D. Reynolds. Oxford: Oxford University Press, 1977.

TRADUÇÕES E ESTUDOS

BARTSCH, S.; SCHIESARO, A. (Orgs.). *The Cambridge Companion to Seneca*. Nova York: Cambridge University Press, 2015.

BELLINCIONI, Maria S. "Dio in Seneca". In: *Studi senecani e altri scritti*. Brescia: Paideia, 1986.

DAMSCHEN, G.; HEIL, A. (Orgs.). *Brill's Companion to Seneca*. Leiden, Boston: Brill, 2014.

FANTHAM, E; HINE, H. M.; KER, J.; WILLIAMS, G. D. *Seneca. Hardship and Happiness*. Tradução de Elaine Fantham, Harry M. Hine, James Ker e Gareth D. Williams. Chicago, Londres: The University of Chicago Press, 2014.

GRIFFIN, Miriam T. *Seneca: A Philosopher in Politics*. Oxford: Oxford University Press, 1976.

GRIMAL, P. "La Composition dans les 'Dialogues' de Sénèque. II. Le *De prouidentia*". *Revue des Études Anciennes*, v. 52, pp. 238-57, 1950.

HADOT, Ilsetraut. *Sénèque: Direction spirituelle et pratique de la philosophie*. Paris: Vrin, 2014.

SENECA. *De otio*. Introdução, versão e comentário de Ivano Dionigi. Brescia: Paideia, 1983.

SENECA. *Dialoghi. La brevità della vita; Sulla felicità; La tranquilità dell'animo*. Introdução de A. Traina, A. Schiesaro e G. Lotito. Tradução de A. Traina, D. Agonogi e C. Lazzarini. Milão: RCS, 2000 (1. ed.: 1996).

SENECA. *I dialoghi*. Edição de G. Viansino. *Lettere morali a Lucilio*. Edição de F. Solinas. Milão: Mondadori, 2008.

SENECA, L. A. *Diálogos*. Introdução, tradução e notas de Carmen Cordoñer. Madrid: Editora Nacional, 1984.

SENECA. *La fermezza del saggio; La vita ritirata*. Introdução, tradução e notas de N. Lanzarone. Milão: RCS, 2001.

SÉNÈQUE. *Entretiens; Lettres à Lucilius*. Edição estabelecida por Paul Veyne. Estabelecimento de texto e tradução de A. Bourgery; tradução revista, introdução e notas de P. Veyne. Paris: Robert Laffont, 1993.

SÉNÈQUE. *La Vie heureuse; Les Bienfaits*. Prefácio de P. Grimal; tradução e notas de J. Baillard. Paris: Gallimard, 1996.

SENECAE, L. Annaei. *Dialogorum liber I De providentia*. Comentário filológico de N. Lanzarone. Florença: Felice Le Monnier, 2008.

SENECA, L. A. *Dialoghi morali*. Tradução de Gavino Manca; Introdução e notas de C. Carena. Turim: Einaudi, 1995 (1. ed.: 1988).

SENECA. *La provvidenza*. Edição de Alfonso Traina, com um ensaio de Ivano Dionigi. Milão: Rizzoli, 2015 (1. ed.: 1997).

SÊNECA, Lúcio Aneu. *Cartas a Lucílio*. Tradução, prefácio e notas de J. A. Segurado e Campos. Lisboa: Gulbenkian, 1991.

SÊNECA. *Sobre a Providência divina, Sobre a firmeza do sábio*. Tradução, introdução e notas de Ricardo da Cunha Lima. São Paulo: Nova Alexandria, 2000.

SÊNECA. *Sobre a vida feliz*. Tradução, introdução e notas de João Teodoro d'Olim Marote. São Paulo: Nova Alexandria, 2005.

TRAINA, Alfonso, "L'avvocato di dio". Colloquio sul "De providentia" di Seneca. Bolonha: Pàtron, 1999.

DICIONÁRIOS

GAFFIOT, F. *Dictionnaire latin-français*. Paris: Hachette, 1934.

LEE, G. M. et al. (Orgs.). *Oxford Latin Dictionary*. Oxford: At the Clarendon, 1968.

LEWIS, C. T.; SHORT C. *A Latin Dictionary*. Oxford: At Clarendon, 1958 (1. ed.: 1879).

MONIZ, F. F. de S. (Org.). *Dicionário latim-português*. Porto: Porto Editora, 2001 (1. ed.: 1966).

SARAIVA, F. R. dos Santos. *Novíssimo dicionário latino--português*. Rio de Janeiro: Garnier, 1993 (1. ed.: 1881).

LEIA MAIS PENGUIN-COMPANHIA
CLÁSSICOS

Sêneca

Sobre a brevidade da vida/ Sobre a firmeza do sábio

Tradução do latim e notas de
JOSÉ EDUARDO S. LOHNER

Os escritos do filósofo estoico Sêneca pertencem à categoria de obras que mudaram a humanidade e que, universais, resistem à passagem do tempo. Por meio de insights poderosos, eles transformam a maneira como nos vemos e já serviram de guia para inúmeras gerações por sua eloquência, lucidez e sabedoria.

Sobre a brevidade da vida e *Sobre a firmeza do sábio* foram concebidos em forma de cartas e apresentam reflexões essenciais quanto à arte de viver, à passagem do tempo e à importância da razão e da moralidade.

Traduzida do latim por José Eduardo S. Lohner, esta edição conta ainda com notas esclarecedoras do tradutor.

WWW.PENGUINCOMPANHIA.COM.BR

LEIA MAIS PENGUIN-COMPANHIA
CLÁSSICOS

Sêneca

Sobre a ira/ Sobre a tranquilidade da alma

Tradução do latim e notas de
JOSÉ EDUARDO S. LOHNER

Para John Stuart Mill, o indivíduo deve ser livre para direcionar sua vida como preferir em tudo aquilo que não cause dano a terceiros, e homens e mulheres devem viver em igualdade. Essas proposições estão no cerne de *Sobre a liberdade* e *Sobre a sujeição das mulheres*.

O filósofo enxergava três fontes de despotismo à sua volta: o Estado, o costume e a opinião pública. Graças a elas, os indivíduos passavam a vida numa existência atrofiada, sem experimentar seu verdadeiro potencial. Foi contra essa diluição dos indivíduos que Mill elaborou sua defesa da liberdade. E numa época em que as mulheres nem sequer podiam votar, exigia a plena igualdade legal e defendia que os homens se desvencilhassem de antigos preconceitos.

Esses ensaios poderosos convidam ao exercício de uma ética da liberdade e buscam a compreensão de hábitos e opiniões diferentes dos nossos, constituindo um pilar fundamental em tempos de intolerância e fanatismo como os de hoje.

WWW.PENGUINCOMPANHIA.COM.BR

LEIA MAIS PENGUIN-COMPANHIA
CLÁSSICOS

Nicolau Maquiavel

O príncipe

Tradução de
MAURÍCIO SANTANA DIAS
Prefácio de
FERNANDO HENRIQUE CARDOSO

Àqueles que chegam desavisados ao texto límpido e elegante de Nicolau Maquiavel pode parecer que o autor escreveu, na Florença do século XVI, um manual abstrato para a conduta de um mandatário. Entretanto, esta obra clássica da filosofia moderna, fundadora da ciência política, é fruto da época em que foi concebida. Em 1513, depois da dissolução do governo republicano de Florença e do retorno da família Médici ao poder, Maquiavel é preso, acusado de conspiração. Perdoado pelo papa Leão X, ele se exila e passa a escrever suas grandes obras. *O príncipe*, publicado postumamente, em 1532, é uma esplêndida meditação sobre a conduta do governante e sobre o funcionamento do Estado, produzida num momento da história ocidental em que o direito ao poder já não depende apenas da hereditariedade e dos laços de sangue.

Mais que um tratado sobre as condições concretas do jogo político, *O príncipe* é um estudo sobre as oportunidades oferecidas pela fortuna, sobre as virtudes e os vícios intrínsecos ao comportamento dos governantes, com sugestões sobre moralidade, ética e organização urbana que, apesar da inspiração histórica, permanecem espantosamente atuais.

WWW.PENGUINCOMPANHIA.COM.BR

LEIA MAIS PENGUIN-COMPANHIA
CLÁSSICOS

Dante Alighieri
Convívio

Tradução, introdução e notas de
EMANUEL FRANÇA DE BRITO
Apresentação de
GIORGIO INGLESE

Concebido na primeira década do século XIV, provavelmente enquanto Dante estava no exílio, *Convívio* é composto de uma série de comentários acerca de peças poéticas que o autor escreveu em sua juventude. Poemas alegóricos sobre o amor e a filosofia, os versos se transformam em base para explicações filosóficas, literárias, morais e políticas.

Escritos em italiano, para que os não eram versados em latim pudessem compartilhar daquele conhecimento, os quatro tratados de *Convívio* são a explícita celebração da filosofia e do que ela representa — isto é, o amor pelo saber.

A obra, que se presta muito bem à apreensão da trajetória intelectual e espiritual do autor, demonstra ainda a lógica política e científica de sua época e joga luz sobre os temas filosóficos que percorrem toda a criação de Dante, incluindo a *Divina comédia*.

WWW.PENGUINCOMPANHIA.COM.BR

Esta obra foi composta em Sabon por Alexandre Pimenta
e impressa em ofsete pela Geográfica sobre papel Pólen Soft
da Suzano S.A. para a Editora Schwarcz
em outubro de 2021

A marca FSC® é a garantia de que a madeira utilizada na fabricação do papel deste livro provém de florestas que foram gerenciadas de maneira ambientalmente correta, socialmente justa e economicamente viável, além de outras fontes de origem controlada.